卞尺丹几乙し丹卞と

Translated Language Learning

Die kleine Meerjungfrau

The Little Mermaid

Hans Christian Andersen

Deutsch / English

Copyright © 2023 Tranzlaty
All rights reserved.
Published by Tranzlaty
ISBN: 978-1-83566-279-3
Original text by Hans Christian Andersen
Den Lille Havfrue
First published in Danish in 1837
www.tranzlaty.com

Die kleine Meerjungfrau
The Little Mermaid

Weit draußen im Ozean, wo das Wasser blau ist
Far out in the ocean, where the water is blue
Hier ist das Wasser so blau wie die schönste Kornblume
here the water is as blue as the prettiest cornflower
und das Wasser ist so klar wie der reinste Kristall
and the water is as clear as the purest crystal
Dieses Wasser, weit draußen im Ozean, ist sehr, sehr tief
this water, far out in the ocean is very, very deep
Das Wasser war so tief, dass kein Kabel den Grund erreichen konnte
water so deep, indeed, that no cable could reach the bottom
Man könnte viele Kirchtürme übereinander stapeln
you could pile many church steeples upon each other
aber sie würden nicht die Wasseroberfläche erreichen
but they would not reach the surface of the water
Dort wohnen der Meereskönig und seine Untertanen
There dwell the Sea King and his subjects
Man könnte meinen, dass es sich nur um nackten gelben Sand am Boden handelt
you might think it is just bare yellow sand at the bottom
Aber wir dürfen uns nicht einbilden, dass da nichts ist
but we must not imagine that there is nothing there
Auf diesem Sand wachsen die seltsamsten Blumen und Pflanzen
on this sand grow the strangest flowers and plants
Und Sie können sich nicht vorstellen, wie biegsam die Blätter und Stängel sind
and you can't imagine how pliant the leaves and stems are
Die geringste Bewegung des Wassers bringt sie zum Rühren
the slightest agitation of the water causes them to stir
Es ist, als hätte jedes Blatt ein Eigenleben
it is as if each leaf had a life of their own
Große und kleine Fische gleiten zwischen den Ästen

hindurch
Fishes, both large and small, glide between the branches
So wie die Vögel hier an Land zwischen den Bäumen fliegen
just like when birds fly among the trees here upon land

An der tiefsten Stelle von allen steht ein wunderschönes Schloss
In the deepest spot of all stands a beautiful castle
dieses schöne Schloss ist das Schloss des Meereskönigs
this beautiful castle is the castle of the Sea King
Die Mauern der Burg sind aus Korallen gebaut
the walls of the castle are built of coral
und die langen gotischen Fenster sind von dem klarsten Bernstein
and the long Gothic windows are of the clearest amber
Das Dach des Schlosses besteht aus Muscheln
The roof of the castle is formed of sea shells
und die Schalen öffnen und schließen sich, während das Wasser über sie fließt
and the shells open and close as the water flows over them
Ihr Aussehen ist schöner, als man es beschreiben kann
Their appearance is more beautiful than can be described
In jeder Muschel befindet sich eine glitzernde Perle
within each shell there lies a glittering pearl
und jede Perle wäre für das Diadem einer Königin geeignet
and each pearl would be fit for the diadem of a queen

Der Meereskönig war seit vielen Jahren Witwer
The Sea King had been a widower for many years
und seine greise Mutter hielt ihm den Haushalt
and his aged mother kept house for him
Sie war eine sehr vernünftige Frau
She was a very sensible woman
aber sie war außerordentlich stolz auf ihre hohe Geburt
but she was exceedingly proud of her high birth
Und darum trug sie zwölf Austern am Schwanz

and on that account she wore twelve oysters on her tail
Andere von hohem Rang durften nur sechs Austern tragen
others of high rank were only allowed to wear six oysters
Sie verdiente jedoch ein sehr großes Lob
She was, however, deserving of very great praise
Es gab etwas, für das sie besonders gelobt wurde
there was something she especially deserved praise for
Sie hat sich sehr um die kleinen Meeresprinzessinnen gekümmert
she took great care of the the little sea princesses
Sie hatte sechs Enkeltöchter, die sie liebte
she had six granddaughters that she loved
Alle Meeresprinzessinnen waren wunderschöne Kinder
all the sea princesses were beautiful children
aber die jüngste Meeresprinzessin war die hübscheste von ihnen
but the youngest sea princess was the prettiest of them
Ihre Haut war so klar und zart wie ein Rosenblatt
Her skin was as clear and delicate as a rose leaf
und ihre Augen waren so blau wie das tiefste Meer
and her eyes were as blue as the deepest sea
aber wie alle anderen hatte sie keine Füße
but, like all the others, she had no feet
und am Ende ihres Körpers war ein Fischschwanz
and at the end of her body was a fish's tail

Den ganzen Tag spielten sie in den großen Sälen des Schlosses
All day long they played in the great halls of the castle
Aus den Mauern des Schlosses wuchsen wunderschöne Blumen
out of the walls of the castle grew beautiful flowers
Und sie liebte es auch, zwischen den lebendigen Blumen zu spielen
and she loved to play among the living flowers, too
Die großen bernsteinfarbenen Fenster standen offen, und

die Fische schwammen hinein
The large amber windows were open, and the fish swam in
Es ist genau so, wie wenn wir die Fenster offen lassen
it is just like when we leave the windows open
Und dann fliegen die hübschen Schwalben in unsere Häuser
and then the pretty swallows fly into our houses
Nur die Fische schwammen zu den Prinzessinnen
only the fishes swam up to the princesses
Sie waren die einzigen, die ihnen aus der Hand aßen
they were the only ones that ate out of their hands
Und sie ließen sich von ihnen streicheln
and they allowed themselves to be stroked by them

Außerhalb des Schlosses gab es einen schönen Garten
Outside the castle there was a beautiful garden
Im Garten wuchsen leuchtend rote und dunkelblaue Blumen
in the garden grew bright-red and dark-blue flowers
Und dort wuchsen Blüten wie Feuerflammen
and there grew blossoms like flames of fire
die Früchte an den Pflanzen glänzten wie Gold
the fruit on the plants glittered like gold
und die Blätter und Stängel schwankten unaufhörlich hin und her
and the leaves and stems continually waved to and fro
Die Erde auf dem Boden war feinster Sand
The earth on the ground was the finest sand
aber es hat nicht die Farbe des Sandes, den wir kennen
but it does not have the colour of the sand we know
es ist so blau wie die Flamme glühenden Schwefels
it is as blue as the flame of burning sulphur
Über allem lag ein eigentümlicher blauer Glanz
Over everything lay a peculiar blue radiance
Es ist, als wäre der blaue Himmel überall
it is as if the blue sky were everywhere
Das Blau des Himmels war oben und unten

the blue of the sky was above and below
Bei ruhigem Wetter war die Sonne zu sehen
In calm weather the sun could be seen
Von hier aus sah die Sonne aus wie eine rötlich-violette Blume
from here the sun looked like a reddish-purple flower
Und das Licht strömte aus dem Kelch der Blume
and the light streamed from the calyx of the flower

Der Schlossgarten war in mehrere Teile unterteilt
the palace garden was divided into several parts
Jede der Prinzessinnen hatte ihr eigenes kleines Stück Land
Each of the princesses had their own little plot of ground
Auf diesem Grundstück konnten sie alle Blumen pflanzen, die ihnen gefielen
on this plot they could plant whatever flowers they pleased
Eine Prinzessin gestaltete ihr Blumenbeet in Form eines Wals
one princess arranged her flower bed in the form of a whale
Eine Prinzessin arrangierte ihre Blumen wie eine kleine Meerjungfrau
one princess arranged her flowers like a little mermaid
Und das jüngste Kind machte seinen Garten rund, wie die Sonne
and the youngest child made her garden round, like the sun
und in ihrem Garten wuchsen schöne rote Blumen
and in her garden grew beautiful red flowers
Diese Blumen waren so rot wie die Strahlen des Sonnenuntergangs
these flowers were as red as the rays of the sunset

Sie war ein seltsames Kind; ruhig und nachdenklich
She was a strange child; quiet and thoughtful
Ihre Schwestern zeigten sich entzückt über die wunderbaren Dinge
her sisters showed delight at the wonderful things

die Dinge, die sie aus den Schiffswracks gewannen
the things they obtained from the wrecks of vessels
aber sie kümmerte sich nur um ihre hübschen roten Blumen
but she cared only for her pretty red flowers
obwohl es auch eine schöne Marmorstatue gab
although there was also a beautiful marble statue
Es war die Darstellung eines hübschen Jungen
It was the representation of a handsome boy
Er war aus reinem, weißem Stein gemeißelt
it had been carved out of pure white stone
und es war von einem Wrack auf den Grund des Meeres gefallen
and it had fallen to the bottom of the sea from a wreck
Diese Marmorstatue eines Jungen, der ihr auch am Herzen lag
this marble statue of a boy she cared about too

Sie pflanzte neben der Statue eine rosenfarbene Trauerweide
She planted, by the statue, a rose-colored weeping willow
Und bald hing die Weide mit ihren frischen Zweigen über die Statue
and soon the willow hung its fresh branches over the statue
Die Äste reichten fast bis zum blauen Sand
the branches almost reached down to the blue sands
Die Schatten des Baumes hatten die Farbe von Violett
The shadows of the tree had the color of violet
und die Schatten wogten hin und her wie die Zweige
and the shadows waved to and fro like the branches
All dies schuf die interessanteste Illusion
all of this created the most interesting illusion
als ob die Krone des Baumes und die Wurzeln spielten
as if the crown of the tree and the roots were playing
Es sah aus, als wollten sie sich küssen
it looked as if they were trying to kiss each other

Ihr größtes Vergnügen war es, von der Welt da oben zu hören
her greatest pleasure was hearing about the world above
Die Welt über der Tiefsee, in der sie lebte
the world above the deep sea she lived in
Sie ließ sich von ihrer alten Großmutter alles erzählen
She made her old grandmother tell her all about it
die Schiffe und die Städte, die Menschen und die Tiere
the ships and the towns, the people and the animals
Dort oben dufteten die Blumen des Landes
up there the flowers of the land had fragrance
Die Blumen unter dem Meer dufteten nicht
the flowers below the sea had no fragrance
Dort oben waren die Bäume des Waldes grün
up there the trees of the forest were green
und die Fische in den Bäumen konnten wunderschön singen
and the fishes in the trees could sing beautifully
Dort oben war es ein Vergnügen, den Fischen zuzuhören
up there it was a pleasure to listen to the fish
Ihre Großmutter nannte die Vögel Fische
her grandmother called the birds fishes
sonst hätte die kleine Meerjungfrau es nicht verstanden
else the little mermaid would not have understood
denn die kleine Meerjungfrau hatte noch nie Vögel gesehen
because the little mermaid had never seen birds

Ihre Großmutter erzählte ihr von den Riten der Meerjungfrauen
her grandmother told her about the rites of mermaids
"Eines Tages wirst du dein fünfzehntes Jahr erreichen"
"one day you will reach your fifteenth year"
"Dann hast du die Erlaubnis, an die Oberfläche zu gehen"
"then you will have permission to go to the surface"
"Du wirst im Mondschein auf den Felsen sitzen können"
"you will be able to sit on the rocks in the moonlight"
"Und du wirst die großen Schiffe vorbeisegeln sehen"

"and you will see the great ships go sailing by"
"Dann siehst du Wälder und Städte und die Menschen"
"Then you will see forests and towns and the people"

Im folgenden Jahr war eine der Schwestern fünfzehn Jahre alt
the following year one of the sisters would be fifteen
aber jede Schwester war ein Jahr jünger als die andere
but each sister was a year younger than the other
Die Jüngste müsste fünf Jahre warten, bis sie an der Reihe ist
the youngest would have to wait five years before her turn
Erst dann konnte sie sich vom Grund des Ozeans erheben
only then could she rise up from the bottom of the ocean
Und erst dann konnte sie die Erde so sehen, wie wir es tun
and only then could she see the earth as we do
Doch jede der Schwestern gab sich gegenseitig ein Versprechen
However, each of the sisters made each other a promise
Sie wollten den anderen erzählen, was sie gesehen hatten
they were going to tell the others what they had seen
Ihre Großmutter konnte ihnen gar nicht genug erzählen
Their grandmother could not tell them enough
Es gab so viele Dinge, über die sie Bescheid wissen wollten
there were so many things they wanted to know about

Die jüngste Schwester sehnte sich am meisten danach, an die Reihe zu kommen
the youngest sister longed for her turn the most
Aber sie musste länger warten als alle anderen
but, she had to wait longer than all the others
Und sie war so still und nachdenklich über die Welt
and she was so quiet and thoughtful about the world
Es gab viele Nächte, in denen sie am offenen Fenster stand
there were many nights where she stood by the open window
Und sie schaute durch das dunkelblaue Wasser nach oben

and she looked up through the dark blue water
Und sie beobachtete die Fische, wie sie mit ihren Flossen planschten
and she watched the fish as they splashed with their fins
Sie konnte den Mond und die Sterne schwach leuchten sehen
She could see the moon and stars shining faintly
Aber aus der Tiefe des Wassers sehen diese Dinge anders aus
but from deep below the water these things look different
Der Mond und die Sterne sahen größer aus, als sie es für unsere Augen sind
the moon and stars looked larger than they do to our eyes
Manchmal zog so etwas wie eine schwarze Wolke vorbei
sometimes, something like a black cloud went past
Sie wusste, dass es ein Wal sein könnte, der über ihrem Kopf schwamm
she knew that it could be a whale swimming over her head
Oder es könnte ein Schiff voller Menschen sein
or it could be a ship, full of human beings
Menschen, die sich nicht vorstellen konnten, was unter ihnen war
human beings who couldn't imagine what was under them
eine hübsche kleine Meerjungfrau, die ihre weißen Hände ausstreckt
a pretty little mermaid holding out her white hands
eine hübsche kleine Meerjungfrau, die sich ihrem Schiff entgegenstreckt
a pretty little mermaid reaching towards their ship

***

Es kam der Tag, an dem die Älteste ihren fünfzehnten Geburtstag feierte
the day came when the eldest had her fifteenth birthday
Nun durfte sie an die Oberfläche des Ozeans steigen
now she was allowed to rise to the surface of the ocean
Und in dieser Nacht schwamm sie an die Oberfläche
and that night she swum up to the surface
Sie können sich vorstellen, was sie da oben alles gesehen hat
you can imagine all the things she saw up there
Und Sie können sich vorstellen, worüber sie alles zu reden hatte
and you can imagine all the things she had to talk about
Aber das Schönste, sagte sie, sei es, auf einer Sandbank zu liegen
But the finest thing, she said, was to lie on a sand bank
im stillen, mondbeschienenen Meer, in der Nähe des Ufers
in the quiet moonlit sea, near the shore
Von dort aus hatte sie auf die Lichter auf dem Land geblickt
from there she had gazed at the lights on the land
Sie waren die Lichter der nahen Stadt
they were the lights of the near-by town
Die Lichter hatten wie Hunderte von Sternen gefunkelt
the lights had twinkled like hundreds of stars
Sie hatte den Klängen der Musik aus der Stadt gelauscht
she had listened to the sounds of music from the town
Sie hatte den Lärm von Kutschen gehört, die von ihren Pferden gezogen wurden
she had heard noise of carriages drawn by their horses
Und sie hatte die Stimmen der Menschen gehört
and she had heard the voices of human beings
und sie hatten fröhliches Glockengeläut gehört
and the had heard merry pealing of the bells
Die Glocken läuten in den Kirchtürmen

the bells ringing in the church steeples
aber sie konnte sich all diesen wunderbaren Dingen nicht nähern
but she could not go near all these wonderful things
Umso mehr sehnte sie sich nach diesen wunderbaren Dingen
so she longed for these wonderful things all the more

Sie können sich vorstellen, wie eifrig die jüngste Schwester zuhörte
you can imagine how eagerly the youngest sister listened
Die Beschreibungen der Oberwelt waren wie ein Traum
the descriptions of the upper world were like a dream
Danach stand sie am offenen Fenster ihres Zimmers
afterwards she stood at the open window of her room
Und sie schaute an die Oberfläche, durch das dunkelblaue Wasser
and she looked to the surface, through the dark-blue water
Sie dachte an die große Stadt, von der ihre Schwester ihr erzählt hatte
she thought of the great city her sister had told her of
Die große Stadt mit all ihrem Trubel und Lärm
the great city with all its bustle and noise
sie glaubte sogar, den Klang der Glocken zu hören
she even fancied she could hear the sound of the bells
Sie stellte sich vor, wie ihr Klang bis in die Tiefen des Meeres getragen wurde
she imagined their sound carried to the depths of the sea

Nach einem weiteren Jahr hatte die zweite Schwester Geburtstag
after another year the second sister had her birthday
Auch sie erhielt die Erlaubnis, an die Oberfläche zu steigen
she too received permission to rise to the surface
Und von dort aus konnte sie schwimmen, wo es ihr gefiel
and from there she could swim about where she pleased

Sie war an die Oberfläche gegangen, als die Sonne gerade unterging
She had gone to the surface just as the sun was setting
Dies, sagte sie, sei der schönste Anblick von allen
this, she said, was the most beautiful sight of all
Der ganze Himmel sah aus wie eine Scheibe aus purem Gold
The whole sky looked like a disk of pure gold
Und da waren violette und rosafarbene Wolken
and there were violet and rose-colored clouds
Sie seien zu schön, um sie zu beschreiben, sagte sie
they were too beautiful to describe, she said
Und sie sagte, wie die Wolken über den Himmel zogen
and she said how the clouds drifted across the sky
Und etwas war schneller vorübergeflogen als die Wolken
and something had flown by more swiftly than the clouds
Ein großer Schwarm wilder Schwäne flog der untergehenden Sonne entgegen
a large flock of wild swans flew toward the setting sun
Die Schwäne waren wie ein langer weißer Schleier über dem Meer gelegen
the swans had been like a long white veil across the sea
Sie hatte auch versucht, der Sonne entgegen zu schwimmen
She had also tried to swim towards the sun
aber in einiger Entfernung versank die Sonne in den Wellen
but some distance away the sun sank into the waves
Sie sah, wie die rosigen Töne aus den Wolken verschwanden
she saw how the rosy tints faded from the clouds
Und sie sah, wie auch die Farbe vom Meer verschwunden war
and she saw how the colour had also faded from the sea

Im Jahr darauf war die dritte Schwester an der Reihe
the next year it was the third sister's turn
Diese Schwester war die kühnste von allen Schwestern

this sister was the boldest of all the sisters
Sie schwamm einen breiten Fluss hinauf, der ins Meer mündete
she swam up a broad river that emptied into the sea
An den Ufern des Flusses sah sie grüne Hügel
On the banks of the river she saw green hills
Die grünen Hügel waren mit schönen Weinreben bedeckt
the green hills were covered with beautiful vines
Und auf den Hügeln gab es Wälder von Bäumen
and on the hills there were forests of trees
Und aus den Wäldern ragten Paläste und Burgen hervor
and out of the forests palaces and castles poked out
Sie hatte Vögel in den Bäumen singen hören
She had heard birds singing in the trees
und sie hatte die Strahlen der Sonne auf ihrer Haut gespürt
and she had felt the rays of the sun on her skin
Die Strahlen waren so stark, dass sie zurücktauchen musste
the rays were so strong that she had to dive back
Und sie kühlte ihr brennendes Gesicht im kühlen Wasser
and she cooled her burning face in the cool water
In einem schmalen Bach fand sie eine Gruppe kleiner Kinder
In a narrow creek she found a group of little children
Es waren die ersten Menschenkinder, die sie je gesehen hatte
they were the first human children she had ever seen
Sie wollte auch mit den Kindern spielen
She wanted to play with the children too
aber die Kinder flohen vor großer Angst vor ihr
but the children fled from her in a great fright
Und dann kam ein kleines schwarzes Tier ans Wasser
and then a little black animal came to the water
Es war ein Hund, aber sie wusste nicht, dass es ein Hund war
it was a dog, but she did not know it was a dog
weil sie noch nie einen Hund gesehen hatte

because she had never seen a dog before
Und der Hund bellte die Meerjungfrau wütend an
and the dog barked at the mermaid furiously
Sie erschrak und eilte zurück aufs offene Meer
she became frightened and rushed back to the open sea
Aber sie sagte, sie solle nie den schönen Wald vergessen
But she said she should never forget the beautiful forest
die grünen Hügel und die hübschen Kinder
the green hills and the pretty children
Sie fand es außergewöhnlich lustig, wie sie schwammen
she found it exceptionally funny how they swam
weil die kleinen Menschenkinder keine Schwänze hatten
because the little human children didn't have tails
Also traten sie mit ihren Beinchen gegen das Wasser
so with their little legs they kicked the water

Die vierte Schwester war schüchterner als die letzte
The fourth sister was more timid than the last
Sie hatte beschlossen, mitten im Meer zu bleiben
She had decided to stay in the midst of the sea
aber sie sagte, es sei dort so schön wie in der Nähe des Landes
but she said it was as beautiful there as nearer the land
Von der Oberfläche aus konnte sie viele Meilen um sich herum sehen
from the surface she could see many miles around her
Der Himmel über ihr sah aus wie eine Glasglocke
the sky above her looked like a bell of glass
Und sie hatte die Schiffe vorbeifahren sehen
and she had seen the ships sail by
aber sie waren sehr weit von ihr entfernt
but they were at a very great distance from her
Und mit ihren Segeln sahen sie aus wie Möwen
and, with their sails, they looked like sea gulls
Sie sah, wie die Delfine in den Wellen spielten
she saw how the dolphins played in the waves

und große Wale spuckten Wasser aus ihren Nasenlöchern
and great whales spouted water from their nostrils
wie hundert Springbrunnen, die alle zusammen spielen
like a hundred fountains all playing together

Die fünfte Schwester hatte im Winter Geburtstag
The fifth sister's birthday occurred in the winter
So sah sie Dinge, die die anderen nicht gesehen hatten
so she saw things that the others had not seen
Zu dieser Jahreszeit sah das Meer grün aus
at this time of the year the sea looked green
Große Eisberge schwammen auf dem grünen Wasser
large icebergs were floating on the green water
Und jeder Eisberg sah aus wie eine Perle, sagte sie
and each iceberg looked like a pearl, she said
aber sie waren größer und erhabener als die Kirchen
but they were larger and loftier than the churches
und sie waren von den interessantesten Formen
and they were of the most interesting shapes
Und jeder Eisberg glänzte wie Diamanten
and each iceberg glittered like diamonds
Sie hatte sich auf einen der Eisberge gesetzt
She had seated herself on one of the icebergs
Und sie ließ den Wind mit ihren langen Haaren spielen
and she let the wind play with her long hair
Ihr fiel etwas Interessantes an den Schiffen auf
She noticed something interesting about the ships
Alle Schiffe fuhren sehr schnell an den Eisbergen vorbei
all the ships sailed past the icebergs very rapidly
Und sie steuerten weg, so weit sie konnten
and they steered away as far as they could
Es war, als hätten sie Angst vor dem Eisberg
it was as if they were afraid of the iceberg
Sie blieb bis in den Abend hinein auf See
she stayed out at sea into the evening
Die Sonne ging unter und dunkle Wolken bedeckten den

Himmel
the sun went down and dark clouds covered the sky
Der Donner rollte über den Ozean der Eisberge
the thunder rolled across the ocean of icebergs
und die Blitze glühten rot auf den Eisbergen
and the flashes of lightning glowed red on the icebergs
Und sie wurden von der wogenden See hin und her geworfen
and they were tossed about by the heaving sea
Auf allen Schiffen zitterten die Segel vor Angst
all the ships the sails were trembling with fear
Und die Meerjungfrau saß ruhig auf dem schwimmenden Eisberg
and the mermaid sat calmly on the floating iceberg
Sie sah zu, wie der Blitz ins Meer einschlug
she watched the lightning strike into the sea

Alle ihre fünf älteren Schwestern waren inzwischen erwachsen
All of her five older sisters had grown up now
Deshalb konnten sie an die Oberfläche gehen, wann immer es ihnen gefiel
therefore they could go to the surface when they pleased
Zuerst waren sie von der Oberflächenwelt begeistert
at first they were delighted with the surface world
Sie konnten nicht genug bekommen von den neuen und schönen Sehenswürdigkeiten
they couldn't get enough of the new and beautiful sights
Aber schließlich wurden sie alle gleichgültig
but eventually they all grew indifferent towards it
Und nach einem Monat besuchten sie gar nicht mehr viel
and after a month they didn't visit much at all anymore
Sie sagten ihrer Schwester, dass es zu Hause viel schöner sei
they told their sister it was much more beautiful at home

Doch oft gingen sie in den Abendstunden nach oben
Yet often, in the evening hours, they did go up
Die fünf Schwestern schlangen ihre Arme umeinander
the five sisters twined their arms about each other
Und gemeinsam, Arm in Arm, stiegen sie an die Oberfläche
and together, arm in arm, they rose to the surface
Oft stiegen sie auf, wenn ein Sturm aufzog
often they went up when there was a storm approaching
Sie fürchteten, dass der Sturm ein Schiff gewinnen könnte
they feared that the storm might win a ship
Da schwammen sie zum Schiff und sangen den Matrosen
so they swam to the vessel and sung to the sailors
Ihre Stimmen waren charmanter als die irgendeines Menschen
Their voices were more charming than that of any human
Und sie baten die Reisenden, sich nicht zu fürchten, wenn sie untergingen.
and they begged the voyagers not to fear if they sank
denn die Tiefen des Meeres waren voller Freuden
because the depths of the sea was full of delights
Aber die Matrosen konnten ihre Lieder nicht verstehen
But the sailors could not understand their songs
Und sie dachten, ihr Gesang sei das Seufzen des Sturmes
and they thought their singing was the sighing of the storm
Darum waren ihre Lieder den Seeleuten nie schön
therefore their songs were never beautiful to the sailors
denn wenn das Schiff sank, würden die Männer ertrinken
because if the ship sank the men would drown
die Toten gewannen nichts aus dem Palast des Meereskönigs
the dead gained nothing from the palace of the Sea King
aber ihre jüngste Schwester wurde auf dem Grund des Meeres zurückgelassen
but their youngest sister was left at the bottom of the sea
Als sie zu ihnen aufblickte, war sie kurz davor zu weinen
looking up at them, she was ready to cry

Du solltest wissen, dass Meerjungfrauen keine Tränen haben, die sie weinen können
you should know mermaids have no tears that they can cry
Ihr Schmerz und ihr Leiden waren also akuter als das unsrige
so her pain and suffering was more acute than ours
"Ach, ich wünschte, ich wäre auch fünfzehn Jahre alt!" sagte sie
"Oh, I wish I was also fifteen years old!" said she
"Ich weiß, dass ich die Welt da oben lieben werde"
"I know that I shall love the world up there"
"Und ich werde alle Menschen lieben, die in dieser Welt leben"
"and I shall love all the people who live in that world"

***

Endlich aber erreichte auch sie ihr fünfzehntes Jahr
but, at last, she too reached her fifteenth year
"Nun, jetzt bist du erwachsen", sagte die Großmutter
"Well, now you are grown up," said her grandmother
"Komm und lass mich dich schmücken wie deine Schwestern"
"Come, and let me adorn you like your sisters"
Und sie steckte sich einen Kranz weißer Lilien ins Haar
And she placed a wreath of white lilies in her hair
Jedes Blütenblatt der Lilien war eine halbe Perle
every petal of the lilies was half a pearl
Dann befahl die alte Dame acht große Austern zu kommen
Then, the old lady ordered eight great oysters to come
Die Austern hefteten sich an den Schwanz der Prinzessin
the oysters attached themselves to the tail of the princess
Unter dem Meer werden Austern verwendet, um Ihren Rang anzuzeigen
under the sea oysters are used to show your rank
"Aber sie tun mir so weh!" sagte die kleine Seejungfer

"But they hurt me so," said the little mermaid
"Ja, ich weiß, Austern tun weh", antwortete die alte Dame
"Yes, I know oysters hurt," replied the old lady
"Aber du weißt sehr wohl, dass der Stolz Schmerzen erleiden muss"
"but you know very well that pride must suffer pain"
Wie gern hätte sie all diese Pracht abgeschüttelt
how gladly she would have shaken off all this grandeur
Am liebsten hätte sie den schweren Kranz beiseite gelegt!
she would have loved to lay aside the heavy wreath!
Sie dachte an die roten Blumen in ihrem eigenen Garten
she thought of the red flowers in her own garden
Die roten Blüten hätten ihr viel besser gestanden
the red flowers would have suited her much better
Aber sie konnte sich nicht in etwas anderes verwandeln
But she could not change herself into something else
So verabschiedete sie sich von ihrer Großmutter und ihren Schwestern
so she said farewell to her grandmother and sisters
Und so leicht wie eine Seifenblase stieg sie an die Oberfläche
and, as lightly as a bubble, she rose to the surface

Die Sonne war gerade untergegangen, als sie ihren Kopf über die Wellen hob
The sun had just set when she raised her head above the waves
Die Wolken waren vom Sonnenuntergang purpurrot und golden gefärbt
The clouds were tinted with crimson and gold from the sunset
Und durch die schimmernde Dämmerung strahlte der Abendstern
and through the glimmering twilight beamed the evening star
Das Meer war ruhig, und die Seeluft war mild und frisch
The sea was calm, and the sea air was mild and fresh
Ein großes Schiff mit drei Masten lag ruhig auf dem Wasser

A large ship with three masts lay becalmed on the water
Nur ein Segel war gesetzt, denn kein Lüftchen regte sich
only one sail was set, for not a breeze stirred
und die Matrosen saßen müßig an Deck oder in der Takelage
and the sailors sat idle on deck, or amidst the rigging
Es gab Musik und Gesang an Bord des Schiffes
There was music and song on board of the ship
Als die Dunkelheit hereinbrach, wurden hundert bunte Laternen angezündet
as darkness came a hundred colored lanterns were lighted
Es war, als ob die Fahnen aller Nationen in der Luft wehten
it was as if the flags of all nations waved in the air

Die kleine Meerjungfrau schwamm dicht an den Kajütenfenstern vorbei
The little mermaid swam close to the cabin windows
Hin und wieder hoben die Wellen des Meeres sie empor
now and then the waves of the sea lifted her up
sie konnte durch die Glasscheiben hineinsehen
she could look in through the glass window-panes
Und sie konnte eine Anzahl seltsam gekleideter Menschen sehen
and she could see a number of curiously dressed people
Unter den Leuten, die sie sehen konnte, befand sich ein junger Prinz
Among the people she could see there was a young prince
Der Prinz war der Schönste von allen
the prince was the most beautiful of them all
Sie hatte noch nie jemanden mit so schönen Augen gesehen
she had never seen anyone with such beautiful eyes
Es war die Feier seines sechzehnten Geburtstages
it was the celebration of his sixteenth birthday
Die Matrosen tanzten auf dem Deck des Schiffes
The sailors were dancing on the deck of the ship
Alle jubelten, als der Prinz aus der Kajüte kam

all cheered when the prince came out of the cabin
und mehr als hundert Raketen stiegen in die Luft
and more than a hundred rockets rose into the air
Eine Zeitlang ließ das Feuerwerk den Himmel taghell werden
for some time the fireworks made the sky as bright as day
Natürlich hatte unsere junge Meerjungfrau noch nie ein Feuerwerk gesehen
of course our young mermaid had never seen fireworks before
Aufgeschreckt von all dem Lärm tauchte sie wieder unter Wasser
startled by all the noise, she dived back under water
aber bald streckte sie wieder den Kopf aus
but soon she again stretched out her head
Es war, als ob alle Sterne des Himmels um sie herum fielen
it was as if all the stars of heaven were falling around her
Prächtige Glühwürmchen flogen in die blaue Luft
splendid fireflies flew up into the blue air
Und alles spiegelte sich in der klaren, ruhigen See
and everything was reflected in the clear, calm sea
Das Schiff selbst wurde von all dem Licht hell erleuchtet
The ship itself was brightly illuminated by all the light
Sie konnte alle Menschen und sogar das kleinste Seil sehen
she could see all the people and even the smallest rope
Wie schön sah der junge Prinz aus, als er sich bei seinen Gästen bedankte!
How handsome the young prince looked thanking his guests!
und die Musik hallte durch die klare Nachtluft!
and the music resounded through the clear night air!

Die Geburtstagsfeier dauerte bis spät in die Nacht
the birthday celebrations lasted late into the night
aber die kleine Seejungfer konnte ihre Augen nicht von dem Schiff abwenden
but the little mermaid could not take her eyes from the ship
Auch konnte sie ihre Augen nicht von dem schönen Prinzen

abwenden
nor could she take her eyes from the beautiful prince
Die bunten Laternen waren nun erloschen
The colored lanterns had now been extinguished
Und es gab keine Raketen mehr, die in die Luft stiegen
and there were no more rockets that rose into the air
Auch die Kanone des Schiffes hatte aufgehört zu feuern
the cannon of the ship had also ceased firing
Aber jetzt war es das Meer, das unruhig wurde
but now it was the sea that became restless
Ein stöhnendes, grummelndes Geräusch war unter den Wellen zu hören
a moaning, grumbling sound could be heard beneath the waves
Und doch blieb die kleine Meerjungfrau am Kajütenfenster
and yet, the little mermaid remained by the cabin window
sie schaukelte auf dem Wasser auf und ab
she was rocking up and down on the water
damit sie immer wieder in das Schiff hineinschauen konnte
so that she could keep looking into the ship
Nach einer Weile waren die Segel schnell gesetzt
After a while the sails were quickly set
und das Schiff machte sich auf den Weg zurück in den Hafen
and the ship went on her way back to port

Doch bald stiegen die Wellen höher und höher
But soon the waves rose higher and higher
Dunkle, schwere Wolken verdunkelten den Nachthimmel
dark, heavy clouds darkened the night sky
Und in der Ferne erschienen Blitze
and there appeared flashes of lightning in the distance
Nicht weit davon zog ein furchtbarer Sturm heran
not far away a dreadful storm was approaching
Wieder wurden die Segel gegen den Wind gesenkt
Once more the sails were lowered against the wind

Und das große Schiff setzte seinen Kurs über das tobende Meer fort
and the great ship pursued her course over the raging sea
Die Wellen stiegen so hoch wie die Berge
The waves rose as high as the mountains
Man sollte meinen, die Wellen hätten das Schiff gehabt
one would have thought the waves would have had the ship
aber das Schiff tauchte wie ein Schwan zwischen den Wellen
but the ship dived like a swan between the waves
Dann erhob sie sich wieder auf ihren hohen, schäumenden Kämmen
then she rose again on their lofty, foaming crests
Für die kleine Meerjungfrau war das ein angenehmer Sport
To the little mermaid this was pleasant sport
aber es war kein angenehmer Sport für die Matrosen
but it was not pleasant sport to the sailors
Das Schiff gab schreckliche ächzende und knarrende Geräusche von sich
the ship made awful groaning and creaking sounds
Und die Wellen brachen immer wieder über das Deck
and the waves broke over the deck again and again
Die dicken Planken gaben unter dem Peitschen des Meeres nach
the thick planks gave way under the lashing of the sea
Unter dem Druck brach der Großmast auseinander wie ein Schilfrohr
under the pressure the mainmast snapped asunder, like a reed
Und als das Schiff auf der Seite lag, rauschte das Wasser herein
and, as the ship lay over on her side, the water rushed in

Die kleine Meerjungfrau erkannte, dass die Mannschaft in Gefahr war
The little mermaid realized that the crew were in danger
Auch ihre eigene Situation war nicht ungefährlich

her own situation wasn't without danger either
Sie musste den im Wasser verstreuten Balken und Brettern ausweichen
she had to avoid the beams and planks scattered in the water
Für einen Augenblick verwandelte sich alles in völlige Dunkelheit
for a moment everything turned into complete darkness
Und die kleine Seejungfer konnte nicht sehen, wo sie war
and the little mermaid could not see where she was
Doch dann enthüllte ein Blitz die ganze Szene
but then a flash of lightning revealed the whole scene
Sie konnte sehen, dass alle noch an Bord des Schiffes waren
she could see everyone was still on board of the ship
Nun, alle waren an Bord des Schiffes, außer dem Prinzen
well, everyone was on board of the ship, except the prince
Das Schiff setzte seinen Weg zum Land fort
the ship continued on its path to the land
Und sie sah, wie der Prinz in den tiefen Wellen versank
and she saw the prince sink into the deep waves
Einen Augenblick lang machte sie das glücklicher, als es hätte sein sollen
for a moment this made her happier than it should have
Jetzt, wo er im Meer war, konnte sie bei ihm sein
now that he was in the sea she could be with him
Dann erinnerte sie sich an die Grenzen des Menschen
Then she remembered the limits of human beings
Die Menschen des Landes können nicht im Wasser leben
the people of the land cannot live in the water
Wenn er in den Palast käme, wäre er schon tot
if he got to the palace he would already be dead
"Nein, er darf nicht sterben!" entschied sie
"No, he must not die!" she decided
Sie vergisst jede Sorge um ihre eigene Sicherheit
she forget any concern for her own safety
Und sie schwamm durch die Balken und Planken
and she swam through the beams and planks

Zwei Balken könnten sie leicht in Stücke zermalmen
two beams could easily crush her to pieces
Sie tauchte tief unter das dunkle Wasser
she dove deep under the dark waters
Alles hob und senkte sich mit den Wellen
everything rose and fell with the waves
Schließlich gelang es ihr, den jungen Prinzen zu erreichen
finally, she managed to reach the young prince
Er verlor schnell die Kraft, in der stürmischen See zu schwimmen
he was fast losing the power to swim in the stormy sea
Seine Gliedmaßen begannen ihm zu versagen
His limbs were starting to fail him
und seine schönen Augen waren geschlossen
and his beautiful eyes were closed
Er wäre gestorben, wenn die kleine Meerjungfrau nicht gekommen wäre
he would have died had the little mermaid not come
Sie hielt seinen Kopf über das Wasser
She held his head above the water
und ließen sich von den Wellen tragen, wohin sie wollten
and let the waves carry them where they wanted

Am Morgen hatte der Sturm aufgehört
In the morning the storm had ceased
aber von dem Schiff war kein einziges Fragment zu sehen
but of the ship not a single fragment could be seen
Die Sonne kam auf, rot und leuchtend, aus dem Wasser
The sun came up, red and shining, out of the water
Die Strahlen der Sonne hatten eine heilende Wirkung auf den Prinzen
the sun's beams had a healing effect on the prince
Die Farbe der Gesundheit kehrte in die Wangen des Prinzen zurück
the hue of health returned to the prince's cheeks
Doch trotz der Sonne blieben seine Augen geschlossen

but despite the sun, his eyes remained closed
Die Meerjungfrau küßte seine hohe, glatte Stirn
The mermaid kissed his high, smooth forehead
Und sie strich ihm über das nasse Haar
and she stroked back his wet hair
Er kam ihr vor wie die Marmorstatue in ihrem Garten
He seemed to her like the marble statue in her garden
Da küßte sie ihn noch einmal und wünschte, er möge leben
so she kissed him again, and wished that he lived

Alsbald kamen sie in Sichtweite von Land
Presently, they came in sight of land
Und sie sah hohe blaue Berge am Horizont
and she saw lofty blue mountains on the horizon
Auf dem Gipfel der Berge ruhte der weiße Schnee
on top of the mountains the white snow rested
als läge ein Schwarm Schwäne auf ihnen
as if a flock of swans were lying upon them
Schöne grüne Wälder waren in der Nähe des Ufers
Beautiful green forests were near the shore
Und dicht daneben stand ein großes Gebäude
and close by there stood a large building
Es könnte eine Kirche oder ein Kloster gewesen sein
it could have been a church or a convent
aber sie war noch zu weit weg, um sicher zu sein
but she was still too far away to be sure
Im Garten wuchsen Orangen- und Zitronenbäume
Orange and citron trees grew in the garden
Und vor der Tür standen hohe Palmen
and before the door stood lofty palms
Das Meer bildete hier eine kleine Bucht
The sea here formed a little bay
In der Bucht lag das Wasser ruhig und still
in the bay the water lay quiet and still
Aber obwohl das Wasser still war, war es sehr tief
but although the water was still, it was very deep

Sie schwamm mit dem schönen Prinzen an den Strand
She swam with the handsome prince to the beach
Der Strand war mit feinem weißen Sand bedeckt
the beach was covered with fine white sand
Und dort legte sie ihn in den warmen Sonnenschein
and there she laid him in the warm sunshine
Sie achtete darauf, seinen Kopf höher zu heben als seinen Körper
she took care to raise his head higher than his body
Dann ertönten Glocken in dem großen weißen Gebäude
Then bells sounded in the large white building
Einige junge Mädchen kamen in den Garten
some young girls came into the garden
Die kleine Meerjungfrau schwamm weiter vom Ufer weg
The little mermaid swam out farther from the shore
Sie versteckte sich zwischen einigen hohen Felsen im Wasser
she hid herself among some high rocks in the water
sie bedeckte ihr Haupt und ihren Hals mit dem Schaum des Meeres
she Covered her head and neck with the foam of the sea
Und sie sah zu, was aus dem armen Prinzen werden würde
and she watched to see what would become of the poor prince

Es dauerte nicht lange, da sah sie ein junges Mädchen auf sich zukommen
It was not long before she saw a young girl approach
Das junge Mädchen schien zuerst erschrocken zu sein
the young girl seemed frightened, at first
Aber ihre Angst währte nur einen Augenblick
but her fear only lasted for a moment
Dann brachte sie eine Reihe von Leuten herbei
then she brought over a number of people
Und die Seejungfer sah, dass der Prinz wieder zum Leben erwachte
and the mermaid saw that the prince came to life again

Er lächelte denen zu, die um ihn herum standen
he smiled upon those who stood around him
Aber der kleinen Meerjungfrau schickte der Prinz kein Lächeln
But to the little mermaid the prince sent no smile
Er wußte nicht, daß sie ihn gerettet hatte
he knew not that she had saved him
Das machte die kleine Meerjungfrau sehr traurig
This made the little mermaid very sorrowful
Und dann wurde er in das große Gebäude geführt
and then he was led away into the great building
Und die kleine Meerjungfrau tauchte ins Wasser
and the little mermaid dived down into the water
Und sie kehrte in das Schloß ihres Vaters zurück
and she returned to her father's castle

***

Sie war immer die stillste und nachdenklichste gewesen
She had always been the most silent and thoughtful
Und jetzt war sie stiller und nachdenklicher denn je
and now she was more silent and thoughtful than ever
Ihre Schwestern fragten sie, was sie bei ihrem ersten Besuch gesehen habe
Her sisters asked her what she had seen on her first visit
aber sie konnte ihnen nichts von dem erzählen, was sie gesehen hatte
but she could tell them nothing of what she had seen
An manchen Abenden und Morgen kehrte sie an die Oberfläche zurück
Many an evening and morning she returned to the surface
Und sie ging an den Ort, wo sie den Prinzen verlassen hatte
and she went to the place where she had left the prince
Sie sah die Früchte im Garten reifen
She saw the fruits in the garden ripen
Und sie beobachtete die Früchte, die sie von ihren Bäumen

pflückten
and she watched the fruits gathered from their trees
Sie sah zu, wie der Schnee auf den Berggipfeln dahinschmolz
she watched the snow on the mountain tops melt away
aber bei keinem ihrer Besuche sah sie den Prinzen wieder
but on none of her visits did she see the prince again
und darum kehrte sie immer betrübter als zuvor zurück
and therefore she always returned more sorrowful than before

Ihr einziger Trost war, in ihrem eigenen kleinen Garten zu sitzen
her only comfort was sitting in her own little garden
Sie schlang ihre Arme um die schöne Marmorstatue
she flung her arms around the beautiful marble statue
die Statue, die genau wie der Prinz aussah
the statue which looked just like the prince
Sie hatte es aufgegeben, sich um ihre Blumen zu kümmern
She had given up tending to her flowers
und ihr Garten wuchs in wilder Verwirrung
and her garden grew in wild confusion
Sie schlangen ihre langen Blätter und Stängel um die Bäume
they twinied their long leaves and stems round the trees
so daß der ganze Garten dunkel und düster wurde
so that the whole garden became dark and gloomy

Irgendwann hielt sie es nicht mehr aus
eventually she could bear it no longer
Und sie erzählte einer ihrer Schwestern alles davon
and she told one of her sisters all about it
Bald erfuhren die anderen Schwestern das Geheimnis
soon the other sisters heard the secret
Und sehr bald wurde ihr Geheimnis mehreren Mägden bekannt
and very soon her secret became known to several maids
Eine der Mägde hatte eine Freundin, die den Prinzen kannte

one of the maids had a friend who knew about the prince
Sie hatte das Fest auch an Bord des Schiffes gesehen
She had also seen the festival on board the ship
Und sie erzählte ihnen, woher der Prinz kam
and she told them where the prince came from
Und sie erzählte ihnen, wo sein Palast stand
and she told them where his palace stood

"Komm, Schwesterchen!" sagten die anderen Prinzessinnen
"Come, little sister," said the other princesses
Sie schlangen ihre Arme und erhoben sich gemeinsam
they entwined their arms and rose up together
Sie näherten sich der Stelle, wo der Palast des Prinzen stand
they went near to where the prince's palace stood
Der Palast wurde aus leuchtend gelbem, glänzendem Stein erbaut
the palace was built of bright-yellow, shining stone
und der Palast hatte lange Marmorstufen
and the palace had long flights of marble steps
Eine der Treppen reichte hinunter zum Meer
one of the flights of steps reached down to the sea
Prächtige vergoldete Kuppeln erhoben sich über dem Dach
Splendid gilded cupolas rose over the roof
Das ganze Gebäude war von Säulen umgeben
the whole building was surrounded by pillars
und zwischen den Säulen standen lebensechte Statuen aus Marmor
and between the pillars stood lifelike statues of marble
Sie konnten durch den klaren Kristall der Fenster sehen
they could see through the clear crystal of the windows
und sie konnten in die vornehmen Gemächer blicken
and they could look into the noble rooms
Kostbare Seidenvorhänge und Wandteppiche hingen von der Decke
costly silk curtains and tapestries hung from the ceiling
und die Wände waren mit schönen Gemälden bedeckt

and the walls were covered with beautiful paintings
In der Mitte des größten Salons befand sich ein Springbrunnen
In the centre of the largest salon was a fountain
Der Springbrunnen warf seine funkelnden Strahlen hoch in die Höhe
the fountain threw its sparkling jets high up
Das Wasser spritzte auf die Glaskuppel der Decke
the water splashed onto the glass cupola of the ceiling
und die Sonne schien durch das Wasser herein
and the sun shone in through the water
und das Wasser spritzte auf die Pflanzen rund um den Brunnen
and the water splashed on the plants around the fountain

Nun wusste die kleine Seejungfer, wo der Prinz wohnte
Now the little mermaid knew where the prince lived
So verbrachte sie manche Nacht auf diesen Gewässern
so she spent many a night on those waters
Sie wurde mutiger als ihre Schwestern
she got more courageous than her sisters had been
Und sie schwamm viel näher am Ufer als sie es getan hatten
and she swam much nearer the shore than they had
Einmal ging sie den schmalen Kanal hinauf, unter dem Marmorbalkon
once she went up the narrow channel, under the marble balcony
Der Balkon warf einen breiten Schatten auf das Wasser
the balcony threw a broad shadow on the water
Hier saß sie und beobachtete den jungen Prinzen
Here she sat and watched the young prince
Er glaubte natürlich, allein im hellen Mondschein zu sein
he, of course, thought he was alone in the bright moonlight

Sie sah ihn oft abends, wie er in einem schönen Boot segelte
She often saw him evenings, sailing in a beautiful boat

Musik ertönte vom Boot und die Flaggen wehten
music sounded from the boat and the flags waved
Sie lugte zwischen den grünen Binsen hervor
She peeped out from among the green rushes
Zuweilen erwischte der Wind ihren langen, silbrig-weißen Schleier
at times the wind caught her long silvery-white veil
Diejenigen, die ihn sahen, glaubten, es sei ein Schwan
those who saw it believed it to be a swan
Er sah aus wie ein Schwan, der seine Flügel ausbreitet
it had all the appearance of a swan spreading its wings

So manche Nacht sah sie auch den Fischern zu, wie sie ihre Netze auslegten
Many a night, too, she watched the fishermen set their nets
Sie werfen ihre Netze im Schein ihrer Fackeln aus
they cast their nets in the light of their torches
Und sie hörte, wie sie viel Gutes über den Prinzen erzählten
and she heard them tell many good things about the prince
Das machte sie froh, dass sie ihm das Leben gerettet hatte
this made her glad that she had saved his life
als er halbtot auf den Wellen herumgeworfen wurde
when he was tossed around half dead on the waves
Sie erinnerte sich, wie sein Kopf an ihrer Brust geruht hatte
She remembered how his head had rested on her bosom
Und sie erinnerte sich, wie herzlich sie ihn geküßt hatte
and she remembered how heartily she had kissed him
aber er wußte nichts von allem, was geschehen war
but he knew nothing of all that had happened
Der junge Prinz konnte nicht einmal von der kleinen Meerjungfrau träumen
the young prince could not even dream of the little mermaid

Sie lernte die Menschen immer mehr zu mögen
She grew to like human beings more and more
Sie wünschte sich immer mehr, ihre Welt durchwandern zu

können
she wished more and more to be able to wander their world
Ihre Welt schien so viel größer zu sein als ihre eigene
their world seemed to be so much larger than her own
Sie konnten in Schiffen über das Meer fliegen
They could fly over the sea in ships
und sie konnten die hohen Hügel weit über den Wolken erklimmen
and they could mount the high hills far above the clouds
In ihren Ländern besaßen sie Wälder und Felder
in their lands they possessed woods and fields
Das Grün erstreckte sich außerhalb ihrer Sichtweite
the greenery stretched beyond the reach of her sight
Es gab so vieles, was sie wissen wollte!
There was so much that she wished to know!
Aber ihre Schwestern waren nicht in der Lage, alle ihre Fragen zu beantworten
but her sisters were unable to answer all her questions
Dann ging sie zu ihrer alten Großmutter, um Antworten zu erhalten
She then went to her old grandmother for answers
Ihre Großmutter wusste alles über die Oberwelt
her grandmother knew all about the upper world
Zu Recht nannte sie diese Welt "das Land über dem Meer"
she rightly called this world "the lands above the sea"

"Wenn Menschen nicht ertrinken, können sie dann ewig leben?"
"If human beings are not drowned, can they live forever?"
"Sterben sie nie, wie wir hier im Meer?"
"Do they never die, as we do here in the sea?"
"Ja, sie sterben auch", antwortete die alte Dame
"Yes, they die too" replied the old lady
"Wie wir müssen auch sie sterben", fügte die Großmutter hinzu
"like us, they must also die," added her grandmother

"Und ihr Leben ist noch kürzer als unseres"
"and their lives are even shorter than ours"
"Wir leben manchmal dreihundert Jahre"
"We sometimes live for three hundred years"
"Aber wenn wir hier aufhören zu existieren, werden wir zu Schaum"
"but when we cease to exist here we become foam"
"Und wir treiben auf der Wasseroberfläche"
"and we float on the surface of the water"
"Wir haben keine Gräber für die, die wir lieben"
"we do not have graves for those we love"
"Und wir haben keine unsterblichen Seelen"
"and we have not immortal souls"
"Wenn wir sterben, werden wir nie wieder leben"
"after we die we shall never live again"
"Wie der grüne Seetang, wenn er einmal abgeschnitten ist"
"like the green seaweed, once it has been cut off"
"Wenn wir sterben, können wir nie mehr gedeihen"
"after we die, we can never flourish more"
"Der Mensch hingegen hat eine Seele"
"Human beings, on the contrary, have souls"
"Selbst wenn sie tot sind, leben ihre Seelen für immer"
"even after they're dead their souls live forever"
"Wenn wir sterben, verwandelt sich unser Körper in Schaum"
"when we die our bodies turn to foam"
"Wenn sie sterben, werden ihre Körper zu Staub"
"when they die their bodies turn to dust"
"Wenn wir sterben, erheben wir uns durch das klare, blaue Wasser"
"when we die we rise through the clear, blue water"
"Wenn sie sterben, erheben sie sich durch die klare, reine Luft"
"when they die they rise up through the clear, pure air"
"Wenn wir sterben, schweben wir nicht weiter als bis zur Oberfläche"

"when we die we float no further than the surface"
"Aber wenn sie sterben, gehen sie über die glitzernden Sterne hinaus"
"but when they die they go beyond the glittering stars"
"Wir steigen aus dem Wasser an die Oberfläche"
"we rise out of the water to the surface"
"Und wir sehen das ganze Land der Erde"
"and we behold all the land of the earth"
"Sie erheben sich in unbekannte und glorreiche Regionen"
"they rise to unknown and glorious regions"
"Herrliche und unbekannte Regionen, die wir nie sehen werden"
"glorious and unknown regions which we shall never see"
Die kleine Meerjungfrau trauerte um ihre Seelenlosigkeit
the little mermaid mourned her lack of a soul
"Warum haben wir keine unsterblichen Seelen?" fragte die kleine Seejungfer
"Why have not we immortal souls?" asked the little mermaid
"Ich würde gerne all die Hunderte von Jahren geben, die ich habe"
"I would gladly give all the hundreds of years that I have"
"Ich würde alles eintauschen, um für einen Tag ein Mensch zu sein"
"I would trade it all to be a human being for one day"
"die Hoffnung zu haben, ein solches Glück zu kennen"
"to have the hope of knowing such happiness"
"Das Glück dieser herrlichen Welt über den Sternen"
"the happiness of that glorious world above the stars"
"Das darfst du nicht denken", sagte die Alte
"You must not think that," said the old woman
"Wir glauben, dass wir viel glücklicher sind als die Menschen"
"We believe that we are much happier than the humans"
"Und wir glauben, dass es uns viel besser geht als den Menschen"
"and we believe we are much better off than human beings"

"So werde ich sterben!" sagte die kleine Seejungfer
"So I shall die," said the little mermaid
"Da ich der Schaum des Meeres bin, werde ich umspült werden"
"being the foam of the sea, I shall be washed about"
"Nie wieder werde ich die Musik der Wellen hören"
"never again will I hear the music of the waves"
"Nie wieder werde ich die schönen Blumen sehen"
"never again will I see the pretty flowers"
"Ich werde auch nie wieder die rote Sonne sehen"
"nor will I ever again see the red sun"
"Gibt es irgendetwas, was ich tun kann, um eine unsterbliche Seele zu gewinnen?"
"Is there anything I can do to win an immortal soul?"
"Nein," sagte die Alte, "es sei denn..."
"No," said the old woman, "unless..."
"Es gibt nur einen Weg, eine Seele zu gewinnen"
"there is just one way to gain a soul"
"Ein Mann muss dich mehr lieben als seinen Vater und seine Mutter"
"a man has to love you more than he loves his father and mother"
"Alle seine Gedanken und seine Liebe müssen auf dich gerichtet sein"
"all his thoughts and love must be fixed upon you"
"Er muss dir versprechen, dir hier und im Jenseits treu zu sein"
"he has to promise to be true to you here and hereafter"
"Der Priester muss seine rechte Hand in die deine legen"
"the priest has to place his right hand in yours"
"Dann würde die Seele deines Mannes in deinen Körper gleiten"
"then your man's soul would glide into your body"
"Du würdest einen Anteil am zukünftigen Glück der Menschheit bekommen"

"you would get a share in the future happiness of mankind"
"Er würde dir eine Seele geben und auch seine eigene behalten"
"He would give to you a soul and retain his own as well"
"Aber es ist unmöglich, dass das jemals passieren wird"
"but it is impossible for this to ever happen"
"Dein Fischschwanz gilt bei uns als schön"
"Your fish's tail, among us, is considered beautiful"
"Aber auf Erden gilt der Schwanz deines Fisches als hässlich"
"but on earth your fish's tail is considered ugly"
"Die Menschen wissen es nicht besser"
"The humans do not know any better"
"Ihr Schönheitsstandard ist es, zwei kräftige Requisiten zu haben"
"their standard of beauty is having two stout props"
"Diese beiden kräftigen Requisiten nennen sie ihre Beine"
"these two stout props they call their legs"
Die kleine Meerjungfrau seufzte über das, was ihr Schicksal zu sein schien
The little mermaid sighed at what appeared to be her destiny
Und sie blickte traurig auf den Schwanz ihres Fisches
and she looked sorrowfully at her fish's tail
"Laßt uns glücklich sein mit dem, was wir haben," sagte die alte Dame
"Let us be happy with what we have," said the old lady
"Lasst uns für die dreihundert Jahre umherhuschen und springen"
"let us dart and spring about for the three hundred years"
"Und dreihundert Jahre sind wirklich lang genug"
"and three hundred years really is quite long enough"
"Danach können wir uns umso besser ausruhen"
"After that we can rest ourselves all the better"
"Heute Abend veranstalten wir einen Hofball"
"This evening we are going to have a court ball"

Es war einer jener herrlichen Anblicke, die wir auf Erden nie sehen können
It was one of those splendid sights we can never see on earth
Der Hofball fand in einem großen Ballsaal statt
the court ball took place in a large ballroom
Die Wände und die Decke waren aus dickem, durchsichtigem Kristall
The walls and the ceiling were of thick transparent crystal
Viele hundert kolossale Granaten standen in Reihen zu beiden Seiten
Many hundreds of colossal shells stood in rows on each side
Einige waren tiefrot, andere grasgrün
some were deep red, others were grass green
und jede der Muscheln hatte ein blaues Feuer in sich
and each of the shells had a blue fire in it
Diese erhellten den ganzen Salon und die Tänzer
These lighted up the whole salon and the dancers
und die Muscheln leuchteten durch die Wände
and the shells shone out through the walls
so dass auch das Meer von ihrem Licht erleuchtet wurde
so that the sea was also illuminated by their light
Unzählige Fische, große und kleine, schwammen vorbei
Innumerable fishes, great and small, swam past
Einige ihrer Schuppen leuchteten in purpurnem Glanz
some of their scales glowed with a purple brilliance
und andere Fische glänzten wie Silber und Gold
and other fishes shone like silver and gold
Durch die Hallen floß ein breiter Strom
Through the halls flowed a broad stream
Und im Strom tanzten die Meermänner und die Meerjungfrauen
and in the stream danced the mermen and the mermaids
Sie tanzten zur Musik ihres eigenen süßen Gesangs
they danced to the music of their own sweet singing

Niemand auf der Welt hat so schöne Stimmen wie sie
No one on earth has such lovely voices as they
aber die kleine Seejungfer sang süßer als alle anderen
but the little mermaid sang more sweetly than all
Der ganze Hof applaudierte ihr mit Händen und Frack
The whole court applauded her with hands and tails
Und einen Augenblick lang fühlte sich ihr Herz ganz glücklich
and for a moment her heart felt quite happy
weil sie wusste, dass sie die süßeste Stimme im Meer hatte
because she knew she had the sweetest voice in the sea
Und sie wusste, dass sie die süßeste Stimme an Land hatte
and she knew she had the sweetest voice on land
Aber bald dachte sie wieder an die Welt über ihr
But soon she thought again of the world above her
Sie konnte den reizenden Prinzen nicht vergessen
she could not forget the charming prince
Es erinnerte sie daran, dass er eine unsterbliche Seele hatte
it reminded her that he had an immortal soul
Und sie konnte nicht vergessen, dass sie keine unsterbliche Seele hatte
and she could not forget that she had no immortal soul
Lautlos schlich sie sich aus dem Palast ihres Vaters
She crept away silently out of her father's palace
Alles drinnen war voller Freude und Gesang
everything within was full of gladness and song
aber sie saß in ihrem eigenen kleinen Garten, traurig und allein
but she sat in her own little garden, sorrowful and alone
Dann hörte sie das Signalhorn durch das Wasser ertönen
Then she heard the bugle sounding through the water
Und sie dachte: "Er segelt sicher da oben."
and she thought, "He is certainly sailing above"
"Er, der schöne Prinz, in dem meine Wünsche im Mittelpunkt stehen"
"he, the beautiful prince, in whom my wishes centre"

"Er, in dessen Hände ich mein Glück legen möchte"
"he, in whose hands I should like to place my happiness"
"Ich will alles für ihn wagen und eine unsterbliche Seele gewinnen"
"I will venture all for him, and to win an immortal soul"
"Meine Schwestern tanzen im Palast meines Vaters"
"my sisters are dancing in my father's palace"
"aber ich werde zur Meerhexe gehen"
"but I will go to the sea witch"
"die Meerhexe, vor der ich mich immer so gefürchtet habe"
"the sea witch of whom I have always been so afraid"
"Aber die Meerhexe kann mir Rat und Hilfe geben"
"but the sea witch can give me counsel, and help"

***

Da ging die kleine Seejungfer aus ihrem Garten hinaus
Then the little mermaid went out from her garden
Und sie schlug den Weg zu den schäumenden Strudeln ein
and she took the road to the foaming whirlpools
Hinter den schäumenden Strudeln lebte die Zauberin
behind the foaming whirlpools the sorceress lived
Die kleine Meerjungfrau war diesen Weg noch nie gegangen
the little mermaid had never gone that way before
Weder Blumen noch Gras wuchsen dort, wo sie hinging
Neither flowers nor grass grew where she was going
Es gab nichts als kahlen, grauen, sandigen Boden
there was nothing but bare, gray, sandy ground
Dieses öde Land erstreckte sich bis zum Strudel
this barren land stretched out to the whirlpool
Das Wasser war wie schäumende Mühlräder
the water was like foaming mill wheels
Und die Mühlen ergriffen alles, was in Reichweite kam
and the mills seized everything that came within reach
Sie werfen ihre Beute in die unergründliche Tiefe
they cast their prey into the fathomless deep
Durch diese erdrückenden Strudel musste sie hindurch

Through these crushing whirlpools she had to pass
Erst dann konnte sie das Herrschaftsgebiet der Meerhexe erreichen
only then could she reach the dominions of the sea witch
Danach folgte ein Stück warmer, blubbernder Schlamm
after this came a stretch of warm, bubbling mire
Die Meerhexe nannte das brodelnde Moor ihr Torfmoor
the sea witch called the bubbling mire her turf moor

Jenseits ihres Torfmoores war das Haus der Hexe
Beyond her turf moor was the witch's house
Ihr Haus stand mitten in einem fremden Wald
her house stood in the centre of a strange forest
In diesem Walde waren alle Bäume und Blumen Polypen
in this forest all the trees and flowers were polypi
aber sie waren nur halbe Pflanzen; die andere Hälfte war tierisch
but they were only half plant; the other half was animal
Sie sahen aus wie Schlangen mit hundert Köpfen
They looked like serpents with a hundred heads
Und jede Schlange wuchs aus der Erde
and each serpent was growing out of the ground
Ihre Äste waren lange, schleimige Arme
Their branches were long, slimy arms
Und sie hatten Finger wie biegsame Würmer
and they had fingers like flexible worms
Jedes ihrer Glieder, von der Wurzel bis zur Spitze, bewegte sich
each of their limbs, from the root to the top, moved
Alles, was in dem Meer, das sie ergriffen haben, erreicht werden konnte
All that could be reached in the sea they seized upon
Und was sie erwischten, hielten sie fest
and what they caught they held on tightly to
so dass es nie aus ihren Klauen entkam
so that it never escaped from their clutches

Die kleine Meerjungfrau erschrak über das, was sie sah
The little mermaid was alarmed at what she saw
Sie stand still und ihr Herz klopfte vor Angst
she stood still and her heart beat with fear
Sie war kurz davor, umzukehren
She came very close to turning back
aber sie dachte an den schönen Prinzen
but she thought of the beautiful prince
und der Gedanke an die Menschenseele, nach der sie sich sehnte
and the thought of the human soul for which she longed
Mit diesen Gedanken kehrte ihr Mut zurück
with these thoughts her courage returned
Sie band ihr langes, wallendes Haar um den Kopf
She fastened her long, flowing hair round her head
so daß die Polypen sie nicht an den Haaren packen konnten
so that the polypi could not grab hold of her hair
Und sie kreuzte die Hände über der Brust
and she crossed her hands across her bosom
Und dann schoß sie vorwärts wie ein Fisch durchs Wasser
and then she darted forward like a fish through the water
zwischen den geschmeidigen Armen und Fingern der hässlichen Polypen
between the supple arms and fingers of the ugly polypi
sie waren zu beiden Seiten von ihr ausgestreckt
they were stretched out on each side of her
Sie sah, dass sie alle etwas in der Hand hielten
She saw that they all held something in their grasp
etwas, das sie mit ihren zahlreichen Ärmchen ergriffen hatten
something they had seized with their numerous little arms
Es waren weiße Skelette von Menschen
they were were white skeletons of human beings
Seeleute, die im Sturm auf See umgekommen waren
sailors who had perished at sea in storms
und sie waren in die tiefen Fluten hinabgesunken

and they had sunk down into the deep waters
und es gab Skelette von Landtieren
and there were skeletons of land animals
Und da waren Ruder, Ruder und Schiffskisten
and there were oars, rudders, and chests of ships
Es gab sogar eine kleine Meerjungfrau, die sie gefangen hatten
There was even a little mermaid whom they had caught
Die arme Meerjungfrau muss von den Händen erwürgt worden sein
the poor mermaid must have been strangled by the hands
Das schien ihr das Schockierendste von allen zu sein
to her this seemed the most shocking of all

Schließlich kam sie an einen sumpfigen Boden im Wald
finally, she came to a space of marshy ground in the woods
Hier wälzten sich große, fette Wasserschlangen im Morast
here there were large fat water snakes rolling in the mire
Die Schlangen zeigten ihre hässlichen, eintönigen Körper
the snakes showed their ugly, drab-colored bodies
In der Mitte dieser Stelle stand ein Haus
In the midst of this spot stood a house
Das Haus wurde aus den Knochen schiffbrüchiger Menschen gebaut
the house was built of the bones of shipwrecked human beings
Und im Haus saß die Meerhexe
and in the house sat the sea witch
Sie ließ zu, dass eine Kröte aus ihrem Mund fraß
she was allowing a toad to eat from her mouth
So wie man einen Kanarienvogel mit Zuckerstückchen füttert
just like when people feed a canary with pieces of sugar
Sie nannte die hässlichen Wasserschlangen ihre kleinen Hühner
She called the ugly water snakes her little chickens

Und sie ließ sie über ihren ganzen Busen kriechen
and she allowed them to crawl all over her bosom

"Ich weiß, was du willst", sagte die Meerhexe
"I know what you want," said the sea witch
"Es ist sehr dumm von dir, so etwas zu wollen"
"It is very stupid of you to want such a thing"
"Aber du sollst deinen Willen haben, so dumm es auch ist"
"but you shall have your way, however stupid it is"
"Auch wenn es dich traurig machen wird, meine hübsche Prinzessin"
"though it will bring you to sorrow, my pretty princess"
"Du willst den Schwanz deiner Meerjungfrau loswerden"
"You want to get rid of your mermaid's tail"
"Und du willst stattdessen zwei Stützen haben"
"and you want to have two supports instead"
"Das wird dich den Menschen auf Erden ähnlich machen"
"this will make you like the human beings on earth"
"Und dann verliebt sich der junge Prinz vielleicht in dich"
"and then the young prince might fall in love with you"
"Und dann hast du vielleicht eine unsterbliche Seele"
"and then you might have an immortal soul"
Die Hexe lachte laut und widerlich
the witch laughed loud and disgustingly
Die Kröte und die Schlangen fielen zu Boden
the toad and the snakes fell to the ground
Und sie lagen da und zappelten auf dem Boden
and they lay there wriggling on the floor
"Du kommst gerade noch rechtzeitig!" sagte die Hexe
"You are but just in time," said the witch
"Morgen nach Sonnenaufgang wäre es zu spät gewesen"
"after sunrise tomorrow it would have been too late"
"Ich könnte Ihnen erst am Ende eines weiteren Jahres helfen"
"I would not be able to help you till the end of another year"
"Ich werde dir einen Trank zubereiten"

"I will prepare a potion for you"
"Schwimmen Sie morgen vor Sonnenaufgang ans Land
"swim up to the land tomorrow, before sunrise
"Setz dich hin und trink den Trank"
"seat yourself there and drink the potion"
"Nachdem du es getrunken hast, verschwindet dein Schwanz"
"after you drink it your tail will disappear"
"Und dann wirst du das haben, was die Menschen Beine nennen"
"and then you will have what men call legs"

"Alle werden sagen, dass du das hübscheste Mädchen der Welt bist"
"all will say you are the prettiest girl in the world"
"Aber dafür wirst du große Schmerzen ertragen müssen"
"but for this you will have to endure great pain"
"Es wird sein, als ob ein Schwert durch dich ginge"
"it will be as if a sword were passing through you"
"Du wirst immer noch die gleiche Anmut der Bewegung haben"
"You will still have the same gracefulness of movement"
"Es wird sein, als ob du über dem Boden schweben würdest"
"it will be as if you are floating over the ground"
"Und kein Tänzer wird jemals so leicht gehen wie du"
"and no dancer will ever tread as lightly as you"
"Aber jeder Schritt, den du tust, wird dir große Schmerzen bereiten"
"but every step you take will cause you great pain"
"Es wird sein, als würdest du auf scharfe Messer treten"
"it will be as if you were treading upon sharp knives"
"Wenn du all dieses Leid erträgst, werde ich dir helfen"
"If you bear all this suffering, I will help you"
Die kleine Seejungfer dachte an den Prinzen
the little mermaid thought of the prince
Und sie dachte an das Glück einer unsterblichen Seele

and she thought of the happiness of an immortal soul
"Ja, das will ich!" sagte die kleine Prinzessin
"Yes, I will," said the little princess
Aber wie Sie sich vorstellen können, zitterte ihre Stimme vor Angst
but, as you can imagine, her voice trembled with fear

"Übertreibe nichts!" sagte die Hexe
"do not rush into this," said the witch
"Wenn du einmal wie ein Mensch geformt bist, kannst du nie wieder zurückkehren"
"once you are shaped like a human, you can never return"
"Und du wirst nie wieder die Gestalt einer Meerjungfrau annehmen"
"and you will never again take the form of a mermaid"
"Du wirst nie durch das Wasser zu deinen Schwestern zurückkehren"
"You will never return through the water to your sisters"
"Du wirst auch nie wieder in den Palast deines Vaters gehen"
"nor will you ever go to your father's palace again"
"Du wirst die Liebe des Prinzen gewinnen müssen"
"you will have to win the love of the prince"
"Er muss bereit sein, seinen Vater und seine Mutter für dich zu vergessen"
"he must be willing to forget his father and mother for you"
"Und er muss dich von ganzer Seele lieben"
"and he must love you with all of his soul"
"Der Priester muss sich die Hände reichen"
"the priest must join your hands together"
"Und er muss euch zu Mann und Frau machen in heiliger Ehe"
"and he must make you man and wife in holy matrimony"
"Nur dann wirst du eine unsterbliche Seele haben"
"only then will you have an immortal soul"
"Aber du darfst ihm niemals erlauben, eine andere zu

heiraten"
"but you must never allow him to marry another"
"Am Morgen, nachdem er eine andere geheiratet hat, wird dein Herz brechen"
"the morning after he marries another, your heart will break"
"und du wirst zu Schaum auf dem Kamm der Wellen"
"and you will become foam on the crest of the waves"
Die kleine Meerjungfrau wurde bleich wie der Tod
the little mermaid became as pale as death
"Ich will es tun!" sagte die kleine Seejungfer
"I will do it," said the little mermaid

"Aber ich muss auch bezahlt werden!" sagte die Hexe
"But I must be paid, also," said the witch
"Und es ist keine Kleinigkeit, um die ich bitte"
"and it is not a trifle that I ask for"
"Du hast die süßeste Stimme von allen, die hier wohnen"
"You have the sweetest voice of any who dwell here"
"Du glaubst, dass du den Prinzen mit deiner Stimme bezaubern kannst"
"you believe that you can charm the prince with your voice"
"Aber deine schöne Stimme musst du mir geben"
"But your beautiful voice you must give to me"
"Das Beste, was du besitzt, ist der Preis meines Tranks"
"The best thing you possess is the price of my potion"
"Der Trank muss mit meinem eigenen Blut vermischt werden"
"the potion must be mixed with my own blood"
"Nur dadurch ist es so scharf wie ein zweischneidiges Schwert"
"only this makes it as sharp as a two-edged sword"

Die kleine Meerjungfrau versuchte, gegen die Kosten Einspruch zu erheben
the little mermaid tried to object to the cost
"Aber wenn du mir meine Stimme wegnimmst..." sagte die

kleine Seejungfer
"But if you take away my voice..." said the little mermaid
"Wenn du mir meine Stimme wegnimmst, was bleibt mir dann übrig?"
"if you take away my voice, what is left for me?"
"Deine schöne Gestalt", schlug die Meerhexe vor
"Your beautiful form," suggested the sea witch
"Dein anmutiger Gang und deine ausdrucksvollen Augen"
"your graceful walk, and your expressive eyes"
"Damit kannst du doch das Herz eines Mannes in Ketten legen?"
"Surely, with these you can enchain a man's heart?"
"Nun, hast du deinen Mut verloren?" fragte die Meerhexe
"Well, have you lost your courage?" the sea witch asked
"Streck deine kleine Zunge raus, damit ich sie abschneiden kann"
"Put out your little tongue, so that I can cut it off"
"Dann sollst du den mächtigen Trank haben"
"then you shall have the powerful potion"
"Es soll sein!" sagte die kleine Seejungfer
"It shall be," said the little mermaid

Da stellte die Hexe ihren Kessel aufs Feuer
Then the witch placed her caldron on the fire
"Sauberkeit ist etwas Gutes", sagte die Meerhexe
"Cleanliness is a good thing," said the sea witch
Sie suchte die Gefäße nach der richtigen Schlange ab
she scoured the vessels for the right snake
Alle Schlangen waren zu einem großen Knoten zusammengebunden
all the snakes had been tied together in a large knot
Dann stach sie sich in die Brust
Then she pricked herself in the breast
Und sie ließ das schwarze Blut in den Kessel tropfen
and she let the black blood drop into the caldron
Der Dampf, der aufstieg, verdrehte sich in schreckliche

Formen
The steam that rose twisted itself into horrible shapes
Kein Mensch konnte die Formen ohne Furcht betrachten
no person could look at the shapes without fear
Jeden Augenblick warf die Hexe neue Zutaten in das Gefäß
Every moment the witch threw new ingredients into the vessel
Schließlich, als alles drin war, begann der Kessel zu kochen
finally, with everything inside, the caldron began to boil
Da war das Geräusch wie das Weinen eines Krokodils
there was the sound like the weeping of a crocodile
Und endlich war der Zaubertrank fertig
and at last the magic potion was ready
Trotz seiner Inhaltsstoffe sah es aus wie das klarste Wasser
despite its ingredients, it looked like the clearest water
"Da ist es, alles für dich!" sagte die Hexe
"There it is, all for you," said the witch
Und dann schnitt sie der kleinen Meerjungfrau die Zunge ab
and then she cut off the little mermaid's tongue
so dass die kleine Seejungfer nie wieder sprechen und singen konnte
so that the little mermaid could never again speak, nor sing
"Die Polypen könnten versuchen, dich auf dem Weg nach draußen zu packen"
"the polypi might try and grab you on the way out"
"Wenn sie es versuchen, schütte ein paar Tropfen des Tranks über sie"
"if they try, throw over them a few drops of the potion"
"und ihre Finger werden in tausend Stücke zerrissen werden"
"and their fingers will be torn into a thousand pieces"
Aber die kleine Meerjungfrau hatte das nicht nötig
But the little mermaid had no need to do this
Die Polypen sprangen erschrocken zurück, als sie sie sahen
the polypi sprang back in terror when they saw her
Sie sahen, dass sie ihre Zunge an die Meerhexe verloren

hatte
they saw she had lost her tongue to the sea witch
Und sie sahen, dass sie den Trank trug
and they saw she was carrying the potion
Der Trank glänzte in ihrer Hand wie ein funkelnder Stern
the potion shone in her hand like a twinkling star

So ging sie schnell durch den Wald und den Sumpf
So she passed quickly through the wood and the marsh
Und sie ging zwischen den rauschenden Strudeln hindurch
and she passed between the rushing whirlpools
Bald schaffte sie es zurück in den Palast ihres Vaters
soon she made it back to the palace of her father
Alle Fackeln im Ballsaal waren erloschen
all the torches in the ballroom were extinguished
Alle im Palast müssen jetzt schlafen
all within the palace must now be asleep
Aber sie ging nicht hinein, um sie zu sehen
But she did not go inside to see them
Sie wusste, dass sie sie für immer verlassen würde
she knew she was going to leave them forever
Und sie wusste, dass ihr das Herz brechen würde, wenn sie sie säh
and she knew her heart would break if she saw them
Sie ging ein letztes Mal in den Garten
she went into the garden one last time
Und sie nahm von jeder ihrer Schwestern eine Blume
and she took a flower from each one of her sisters
Und dann erhob sie sich durch das dunkelblaue Wasser
and then she rose up through the dark-blue waters

***

Die kleine Meerjungfrau kam im Palast des Prinzen an
the little mermaid arrived at the prince's palace
Die Sonne war noch nicht vom Meer aufgegangen
the the sun had not yet risen from the sea
Und der Mond schien klar und hell in der Nacht
and the moon shone clear and bright in the night
Die kleine Seejungfer saß an der schönen Marmortreppe
the little mermaid sat at the beautiful marble steps
Und dann trank die kleine Meerjungfrau den Zaubertrank
and then the little mermaid drank the magic potion
Sie spürte, wie der Schnitt eines zweischneidigen Schwertes sie durchschnitt
she felt the cut of a two-edged sword cut through her
Und sie fiel in Ohnmacht und lag wie eine Tote da
and she fell into a swoon, and lay like one dead
Die Sonne ging aus dem Meer auf und schien über das Land
the sun rose from the sea and shone over the land
Sie erholte sich und spürte den Schmerz des Schnitts
she recovered and felt the pain from the cut
aber vor ihr stand der schöne junge Prinz
but before her stood the handsome young prince

Er heftete seine kohlschwarzen Augen auf die kleine Meerjungfrau
He fixed his coal-black eyes upon the little mermaid
Er sah sie so ernst an, daß sie die Augen niederschlug
he looked so earnestly that she cast down her eyes
Und dann wurde ihr bewusst, dass der Schwanz ihres Fisches verschwunden war
and then she became aware that her fish's tail was gone
Sie sah, dass sie das schönste Paar weißer Beine hatte
she saw that she had the prettiest pair of white legs
Und sie hatte winzige Füße, wie jedes kleine Mädchen
and she had tiny feet, as any little maiden would have

Aber da sie vom Meer kam, hatte sie keine Kleider
But, having come from the sea, she had no clothes
Also hüllte sie sich in ihr langes, dichtes Haar
so she wrapped herself in her long, thick hair
Der Prinz fragte sie, wer sie sei und woher sie käme
The prince asked her who she was and whence she came
Sie sah ihn mild und traurig an
She looked at him mildly and sorrowfully
aber sie mußte mit ihren tiefblauen Augen antworten
but she had to answer with her deep blue eyes
weil die kleine Meerjungfrau nicht mehr sprechen konnte
because the little mermaid could not speak anymore
Er nahm sie bei der Hand und führte sie in den Palast
He took her by the hand and led her to the palace

Jeder Schritt, den sie tat, war so, wie die Hexe es gesagt hatte
Every step she took was as the witch had said it would be
Sie fühlte sich, als würde sie auf scharfe Messer treten
she felt as if she were treading upon sharp knives
Den Schmerz des Zaubers ertrug sie jedoch bereitwillig
She bore the pain of the spell willingly, however
Und sie bewegte sich an der Seite des Prinzen so leicht wie eine Seifenblase
and she moved at the prince's side as lightly as a bubble
Alle, die sie sahen, wunderten sich über ihre anmutigen, schwankenden Bewegungen
all who saw her wondered at her graceful, swaying movements
Sehr bald war sie in kostbare Gewänder aus Seide und Musselin gehüllt
She was very soon arrayed in costly robes of silk and muslin
Und sie war das schönste Geschöpf im Palast
and she was the most beautiful creature in the palace
aber sie schien stumm zu sein und konnte weder sprechen noch singen
but she appeared dumb, and could neither speak nor sing

Es gab schöne Sklavinnen, die in Seide und Gold gekleidet waren
there were beautiful female slaves, dressed in silk and gold
Sie traten vor und sangen vor der königlichen Familie
they stepped forward and sang in front of the royal family
Jeder Sklave konnte besser singen als der andere
each slave could sing better than the next one
Und der Prinz klatschte in die Hände und lächelte sie an
and the prince clapped his hands and smiled at her
Das war ein großer Kummer für die kleine Meerjungfrau
This was a great sorrow to the little mermaid
Sie wußte, wie viel süßer sie singen konnte
she knew how much more sweetly she was able to sing
"Wenn er nur wüsste, dass ich meine Stimme verschenkt habe, um bei ihm zu sein!"
"if only he knew I have given away my voice to be with him!"

Es wurde Musik von einem Orchester gespielt
there was music being played by an orchestra
Und die Sklaven führten einige hübsche, feenhafte Tänze auf
and the slaves performed some pretty, fairy-like dances
Da hob die kleine Seejungfer ihre schönen weißen Arme
Then the little mermaid raised her lovely white arms
Sie stand auf den Zehenspitzen wie eine Ballerina
she stood on the tips of her toes like a ballerina
Und sie glitt über den Boden wie ein Vogel über Wasser
and she glided over the floor like a bird over water
Und sie tanzte, wie noch niemand tanzen konnte
and she danced as no one yet had been able to dance
Mit jedem Augenblick enthüllte sich ihre Schönheit mehr
At each moment her beauty was more revealed
Am anziehendsten für das Herz waren ihre ausdrucksvollen Augen
most appealing of all, to the heart, were her expressive eyes
Alle waren von ihr verzaubert, besonders der Prinz

Everyone was enchanted by her, especially the prince
Der Prinz nannte sie sein taubes kleines Findelkind
the prince called her his deaf little foundling
Und sie tanzte fröhlich weiter, um dem Prinzen zu gefallen
and she happily continued to dance, to please the prince
aber wir müssen uns an den Schmerz erinnern, den sie zu seinem Vergnügen erduldete
but we must remember the pain she endured for his pleasure
Jeder Schritt auf dem Boden fühlte sich an, als würde sie auf scharfe Messer treten
every step on the floor felt as if she trod on sharp knives

Der Prinz sagte, sie solle immer bei ihm bleiben
The prince said she should remain with him always
Und man gab ihr die Erlaubnis, vor seiner Tür zu schlafen
and she was given permission to sleep at his door
Sie brachten ein Samtkissen, auf dem sie liegen konnte
they brought a velvet cushion for her to lie on
Und der Prinz ließ sich ein Pagenkleid anfertigen
and the prince had a page's dress made for her
Auf diese Weise konnte sie ihn auf dem Pferderücken begleiten
this way she could accompany him on horseback
Sie ritten zusammen durch die süß duftenden Wälder
They rode together through the sweet-scented woods
Im Wald berührten die grünen Zweige ihre Schultern
in the woods the green branches touched their shoulders
Und die kleinen Vögel sangen zwischen den frischen Blättern
and the little birds sang among the fresh leaves
Sie kletterte mit ihm auf die Gipfel hoher Berge
She climbed with him to the tops of high mountains
Und obwohl ihre zarten Füße bluteten, lächelte sie nur
and although her tender feet bled, she only smiled
Sie folgte ihm, bis die Wolken unter ihnen waren
she followed him till the clouds were beneath them

wie ein Vogelschwarm, der in ferne Länder fliegt
like a flock of birds flying to distant lands

Als alle schliefen, setzte sie sich auf die breiten Marmorstufen
when all were asleep she sat on the broad marble steps
Es erleichterte ihre brennenden Füße, sie im kalten Wasser zu baden
it eased her burning feet to bathe them in the cold water
In diesem Augenblick dachte sie an all jene, die im Meer waren
It was then that she thought of all those in the sea
Einmal, in der Nacht, kamen ihre Schwestern Arm in Arm herauf
Once, during the night, her sisters came up, arm in arm
sie sangen traurig, während sie auf dem Wasser schwammen
they sang sorrowfully as they floated on the water
Sie winkte ihnen, und sie erkannten sie
She beckoned to them, and they recognized her
Sie erzählten ihr, wie sie um ihre jüngste Schwester getrauert hatten
they told her how they had grieved their youngest sister
Danach kamen sie jede Nacht an denselben Ort
after that, they came to the same place every night
Einmal sah sie in der Ferne ihre alte Großmutter
Once she saw in the distance her old grandmother
Sie war seit vielen Jahren nicht mehr an der Oberfläche des Meeres gewesen
she had not been to the surface of the sea for many years
und der alte Seekönig, ihr Vater, mit seiner Krone auf dem Haupt
and the old Sea King, her father, with his crown on his head
Auch er kam dorthin, wo sie ihn sehen konnte
he too came to where she could see him
Sie streckten ihr die Hände entgegen
They stretched out their hands towards her

aber sie wagten sich nicht so nahe an das Land heran wie ihre Schwestern
but they did not venture as near the land as her sisters

Je mehr Tage vergingen, desto mehr liebte sie den Prinzen
As the days passed she loved the prince more dearly
Und er liebte sie, wie man ein kleines Kind liebt
and he loved her as one would love a little child
Er kam nie auf den Gedanken, sie zu seiner Frau zu machen
The thought never came to him to make her his wife
Aber wenn er sie nicht heiratete, würde ihr Wunsch nie in Erfüllung gehen
but, unless he married her, her wish would never come true
Wenn er sie nicht heiratete, konnte sie keine unsterbliche Seele empfangen
unless he married her she could not receive an immortal soul
Und wenn er eine andere heiratete, würden ihre Träume zerplatzen
and if he married another her dreams would shatter
Am Morgen nach seiner Hochzeit löste sie sich auf
on the morning after his marriage she would dissolve
und die kleine Meerjungfrau würde der Schaum des Meeres werden
and the little mermaid would become the foam of the sea

Der Prinz nahm die kleine Meerjungfrau in seine Arme
the prince took the little mermaid in his arms
Und er küsste sie auf die Stirn
and he kissed her on her forehead
Mit ihren Augen versuchte sie, ihn zu fragen
with her eyes she tried to ask him
"Liebst du mich nicht am meisten von allen?"
"Do you not love me the most of them all?"
"Ja, Sie sind mir lieb," sagte der Prinz
"Yes, you are dear to me," said the prince
"Weil du das beste Herz hast"

"because you have the best heart"
"Und du bist mir am meisten ergeben"
"and you are the most devoted to me"
"Du bist wie ein junges Mädchen, das ich einst sah"
"You are like a young maiden whom I once saw"
"Aber ich werde dieses junge Mädchen nie wiedersehen"
"but I shall never meet this young maiden again"
"Ich war auf einem Schiff, das Schiffbruch erlitten hat"
"I was in a ship that was wrecked"
"Und die Wellen warfen mich an Land in der Nähe eines heiligen Tempels"
"and the waves cast me ashore near a holy temple"
"Im Tempel verrichteten mehrere junge Mädchen den Gottesdienst"
"at the temple several young maidens performed the service"
"Das jüngste Mädchen hat mich am Ufer gefunden"
"The youngest maiden found me on the shore"
"Und die jüngste der Jungfrauen hat mir das Leben gerettet"
"and the youngest of the maidens saved my life"
"Ich habe sie nur zweimal gesehen", erklärte er
"I saw her but twice," he explained
"Und sie ist die einzige auf der Welt, die ich lieben könnte"
"and she is the only one in the world whom I could love"
"Aber du bist wie sie", beruhigte er die kleine Meerjungfrau
"But you are like her," he reassured the little mermaid
"Und du hast ihr Bild fast aus meinem Kopf verdrängt"
"and you have almost driven her image from my mind"
"Sie gehört zum heiligen Tempel"
"She belongs to the holy temple"
"Das Glück hat dich an ihrer Stelle zu mir geschickt"
"good fortune has sent you instead of her to me"
"Wir werden uns nie trennen", tröstete er die kleine Meerjungfrau
"We will never part," he comforted the little mermaid

Aber die kleine Meerjungfrau konnte sich eines Seufzers nicht erwehren
but the little mermaid could not help but sigh
"Er weiß nicht, dass ich es war, der ihm das Leben gerettet hat"
"he knows not that it was I who saved his life"
"Ich trug ihn über das Meer dorthin, wo der Tempel steht"
"I carried him over the sea to where the temple stands"
"Ich saß unter dem Schaum, bis der Mensch kam, um ihm zu helfen"
"I sat beneath the foam till the human came to help him"
"Ich habe das hübsche Mädchen gesehen, das er liebt"
"I saw the pretty maiden that he loves"
"Das hübsche Mädchen, das er mehr liebt als mich"
"the pretty maiden that he loves more than me"
Die Meerjungfrau seufzte tief, aber sie konnte nicht weinen
The mermaid sighed deeply, but she could not weep
"Er sagt, die Jungfrau gehört zum heiligen Tempel"
"He says the maiden belongs to the holy temple"
"Darum wird sie nie wieder in die Welt zurückkehren"
"therefore she will never return to the world"
"Sie werden sich nicht mehr sehen", hoffte die kleine Meerjungfrau
"they will meet no more," the little mermaid hoped
"Ich bin an seiner Seite und sehe ihn jeden Tag"
"I am by his side and see him every day"
"Ich werde mich um ihn kümmern und ihn lieben"
"I will take care of him, and love him"
"Und ich werde mein Leben um seinetwillen hingeben"
"and I will give up my life for his sake"

Sehr bald hieß es, der Prinz solle heiraten
Very soon it was said that the prince was to marry
Da war die schöne Tochter eines benachbarten Königs
there was the beautiful daughter of a neighbouring king
Es hieß, sie würde seine Frau werden

it was said that she would be his wife
Zu diesem Anlass wurde ein schönes Schiff ausgerüstet
for the occasion a fine ship was being fitted out
Der Prinz sagte, er habe nur die Absicht, den König zu besuchen
the prince said he intended only to visit the king
Sie dachten, er gehe nur, um der Prinzessin zu begegnen
they thought he was only going so as to meet the princess
Die kleine Meerjungfrau lächelte und schüttelte den Kopf
The little mermaid smiled and shook her head
Sie kannte die Gedanken des Prinzen besser als die anderen
She knew the prince's thoughts better than the others

"Ich muß reisen", hatte er zu ihr gesagt
"I must travel," he had said to her
"Ich muss diese schöne Prinzessin sehen"
"I must see this beautiful princess"
"Meine Eltern wollen, dass ich sie besuche
"My parents want me to go and see her
"Aber sie werden mich nicht zwingen, sie als meine Braut nach Hause zu bringen."
"but they will not oblige me to bring her home as my bride"
"Du weißt, dass ich sie nicht lieben kann"
"you know that I cannot love her"
"Weil sie nicht ist wie die schöne Jungfrau im Tempel"
"because she is not like the beautiful maiden in the temple"
"Das schöne Mädchen, dem du gleichst"
"the beautiful maiden whom you resemble"
"Wenn ich mich für eine Braut entscheiden müsste, würde ich mich für dich entscheiden"
"If I were forced to choose a bride, I would choose you"
"Mein taubes Findelkind, mit diesen ausdrucksvollen Augen"
"my deaf foundling, with those expressive eyes"
Dann küsste er ihren rosigen Mund
Then he kissed her rosy mouth

Und er spielte mit ihrem langen, wehenden Haar
and he played with her long, waving hair
Und er legte sein Haupt auf ihr Herz
and he laid his head on her heart
Sie träumte von menschlichem Glück und einer unsterblichen Seele
she dreamed of human happiness and an immortal soul

Sie standen auf dem Deck des edlen Schiffes
they stood on the deck of the noble ship
"Du fürchtest dich nicht vor dem Meer, nicht wahr?" sagte er
"You are not afraid of the sea, are you?" he said
Das Schiff sollte sie ins Nachbarland bringen
the ship was to carry them to the neighbouring country
Dann erzählte er ihr von Stürmen und von Windstillen
Then he told her of storms and of calms
Er erzählte ihr von seltsamen Fischen tief unter Wasser
he told her of strange fishes deep beneath the water
Und er erzählte ihr, was die Taucher dort gesehen hatten
and he told her of what the divers had seen there
Sie lächelte leicht amüsiert über seine Beschreibungen
She smiled at his descriptions, slightly amused
Sie wußte besser, welche Wunder es auf dem Meeresgrund gab
she knew better what wonders were at the bottom of the sea

Die kleine Meerjungfrau saß bei Mondschein auf dem Deck
the little mermaid sat on the deck at moonlight
Alle an Bord schliefen, bis auf den Mann am Steuer
all on board were asleep, except the man at the helm
Und sie blickte durch das klare Wasser hinunter
and she gazed down through the clear water
Sie glaubte, das Schloß ihres Vaters unterscheiden zu können
She thought she could distinguish her father's castle
Und im Schloß konnte sie ihre betagte Großmutter sehen

and in the castle she could see her aged grandmother
Dann kamen ihre Schwestern aus den Wellen
Then her sisters came out of the waves
Und sie blickten traurig auf ihre Schwester
and they gazed at their sister mournfully
Sie winkte ihren Schwestern zu und lächelte
She beckoned to her sisters, and smiled
Sie wollte ihnen sagen, wie glücklich und wohlhabend sie war
she wanted to tell them how happy and well off she was
Aber der Schiffsjunge näherte sich, und ihre Schwestern tauchten ab
But the cabin boy approached and her sisters dived down
Er dachte, was er sah, war der Schaum des Meeres
he thought what he saw was the foam of the sea

Am nächsten Morgen lief das Schiff in den Hafen ein
The next morning the ship got into the harbour
Sie waren in einer schönen Küstenstadt angekommen
they had arrived in a beautiful coastal town
Bei ihrer Ankunft wurden sie von Kirchenglocken begrüßt
on their arrival they were greeted by church bells
und von den hohen Türmen ertönte Trompetenschall
and from the high towers sounded a flourish of trumpets
Soldaten säumten die Straßen, durch die sie kamen
soldiers lined the roads through which they passed
Soldaten mit Bravour und glitzernden Bajonetten
Soldiers, with flying colors and glittering bayonets
Jeden Tag, an dem sie dort waren, gab es ein Fest
Every day that they were there there was a festival
Für die Veranstaltung wurden Bälle und Unterhaltungen organisiert
balls and entertainments were organised for the event
Aber die Prinzessin war noch nicht erschienen
But the princess had not yet made her appearance
Sie war in einem religiösen Haus aufgewachsen und

erzogen worden
she had been brought up and educated in a religious house
sie lernte alle königlichen Tugenden einer Prinzessin
she was learning every royal virtue of a princess

Endlich hatte die Prinzessin ihren königlichen Auftritt
At last, the princess made her royal appearance
Die kleine Seejungfer wollte sie unbedingt sehen
The little mermaid was anxious to see her
Sie musste wissen, ob sie wirklich schön war
she had to know whether she really was beautiful
Sie musste zugeben, dass sie wirklich schön war
she was obliged to admit she really was beautiful
Nie hatte sie eine vollkommenere Vision von Schönheit gesehen
she had never seen a more perfect vision of beauty
Ihre Haut war zart hell
Her skin was delicately fair
und ihre lachenden blauen Augen leuchteten vor Wahrheit und Reinheit
and her laughing blue eyes shone with truth and purity
"Du warst es," sagte der Prinz
"It was you," said the prince
"Du hast mir das Leben gerettet, als ich wie tot am Strand lag"
"you saved my life when I lay as if dead on the beach"
"Und er hielt seine errötende Braut in seinen Armen"
"and he held his blushing bride in his arms"

"Ach, ich bin zu glücklich!" sagte er zu der kleinen Seejungfer
"Oh, I am too happy!" said he to the little mermaid
"Meine sehnlichsten Hoffnungen sind nun in Erfüllung gegangen"
"my fondest hopes are now fulfilled"
"Du wirst dich über mein Glück freuen"

"You will rejoice at my happiness"
"Weil deine Hingabe an mich groß und aufrichtig ist"
"because your devotion to me is great and sincere"
Die kleine Seejungfer küßte dem Prinzen die Hand
The little mermaid kissed the prince's hand
Und es war ihr, als ob ihr Herz schon gebrochen wäre
and she felt as if her heart were already broken
Sein Hochzeitsmorgen würde ihr den Tod bringen
His wedding morning would bring death to her
Sie wusste, dass sie der Schaum des Meeres werden würde
she knew she was to become the foam of the sea

Der Klang der Kirchenglocken schallte durch die Stadt
the sound of the church bells rang through the town
Die Herolde ritten durch die Stadt und verkündeten die Verlobung
the heralds rode through the town proclaiming the betrothal
Auf jedem Altar wurde parfümiertes Öl in silbernen Lampen gebrannt
Perfumed oil was burned in silver lamps on every altar
Die Priester schwenkten die Weihrauchfässer über dem Paar
The priests waved the censers over the couple
Und die Braut und der Bräutigam reichten sich die Hände
and the bride and the bridegroom joined their hands
Und sie empfingen den Segen des Bischofs
and they received the blessing of the bishop
Die kleine Meerjungfrau war in Seide und Gold gekleidet
The little mermaid was dressed in silk and gold
sie hielt das Kleid der Braut hoch und hatte große Schmerzen
she held up the bride's dress, in great pain
aber ihre Ohren hörten nichts von der festlichen Musik
but her ears heard nothing of the festive music
und ihre Augen sahen die heilige Zeremonie nicht
and her eyes saw not the holy ceremony
Sie dachte an die Nacht des Todes, die über sie hereinbrach

She thought of the night of death coming to her
Und sie trauerte um alles, was sie in der Welt verloren hatte
and she mourned for all she had lost in the world

***

Am Abend gingen Braut und Bräutigam an Bord des Schiffes
that evening the bride and bridegroom boarded the ship
Die Kanonen des Schiffes donnerten, um das Ereignis zu feiern
the ship's cannons were roaring to celebrate the event
Und alle Fahnen des Königreichs wehten
and all the flags of the kingdom were waving
In der Mitte des Schiffes war ein Zelt errichtet worden
in the centre of the ship a tent had been erected
Im Zelt standen die Schlafliegen für das Brautpaar
in the tent were the sleeping couches for the newlyweds
Die Winde waren günstig, um durch die ruhige See zu navigieren
the winds were favourable for navigating the calm sea
Und das Schiff glitt so geschmeidig wie die Vögel des Himmels
and the ship glided as smoothly as the birds of the sky

Als es dunkel wurde, wurden mehrere farbige Lampen angezündet
When it grew dark, a number of colored lamps were lighted
Die Matrosen und die königliche Familie tanzten fröhlich auf dem Deck
the sailors and royal family danced merrily on the deck
Die kleine Meerjungfrau musste unwillkürlich an ihren Geburtstag denken
The little mermaid could not help thinking of her birthday
Der Tag, an dem sie sich zum ersten Mal aus dem Meer erhob

the day that she rose out of the sea for the first time
Ähnliche freudige Festlichkeiten wurden an diesem Tag gefeiert
similar joyful festivities were celebrated on that day
Sie dachte an das Wunder und die Hoffnung, die sie an diesem Tag empfand
she thought about the wonder and hope she felt that day
Mit diesen schönen Erinnerungen stimmte auch sie in den Tanz ein
with those pleasant memories, she too joined in the dance
Auf ihren schmerzenden Füßen balancierte sie in der Luft
on her paining feet, she poised herself in the air
die Art und Weise, wie eine Schwalbe sich auf der Jagd nach Beute aufrichtet
the way a swallow poises itself when in pursued of prey
Die Matrosen und Diener jubelten ihr verwundert zu
the sailors and the servants cheered her wonderingly
Noch nie zuvor hatte sie so anmutig getanzt
She had never danced so gracefully before
Ihre zarten Füße fühlten sich an, als wären sie mit scharfen Messern geschnitten worden
Her tender feet felt as if cut with sharp knives
aber sie kümmerte sich wenig um den Schmerz ihrer Füße
but she cared little for the pain of her feet
Da war ein viel stärkerer Schmerz, der ihr Herz durchbohrte
there was a much sharper pain piercing her heart

Sie wusste, dass dies der letzte Abend war, an dem sie ihn sehen würde
She knew this was the last evening she would ever see him
der Prinz, für den sie ihre Verwandtschaft und ihre Heimat verlassen hatte
the prince for whom she had forsaken her kindred and home
Sie hatte ihre schöne Stimme für ihn aufgegeben
She had given up her beautiful voice for him
und jeden Tag hatte sie unerhörte Schmerzen für ihn erlitten

and every day she had suffered unheard-of pain for him
Sie litt das alles, während er nichts von ihrem Schmerz wußte
she suffered all this, while he knew nothing of her pain
Es war der letzte Abend, an dem sie die gleiche Luft atmen würde wie er
it was the last evening she would breath the same air as him
Es war der letzte Abend, an dem sie in denselben Sternenhimmel blicken würde
it was the last evening she would gaze on the same starry sky
Es war der letzte Abend, an dem sie in die Tiefsee blickte
it was the last evening she would gaze into the deep sea
Es war der letzte Abend, an dem sie in die ewige Nacht blickte
it was the last evening she would gaze into the eternal night
Eine ewige Nacht ohne Gedanken und Träume erwartete sie
an eternal night without thoughts or dreams awaited her
Sie wurde ohne Seele geboren, und nun konnte sie nie wieder eine gewinnen
She was born without a soul, and now she could never win one

Alles war Freude und Heiterkeit auf dem Schiff bis weit nach Mitternacht
All was joy and gaiety on the ship until long after midnight
Sie lächelte und tanzte mit den anderen auf dem königlichen Schiff
She smiled and danced with the others on the royal ship
aber sie tanzte, während der Gedanke an den Tod in ihrem Herzen war
but she danced while the thought of death was in her heart
Sie musste zusehen, wie der Prinz mit der Prinzessin tanzte
she had to watch the prince dance with the princess
Sie musste zusehen, wie der Prinz seine schöne Braut küsste
she had to watch when the prince kissed his beautiful bride
Sie musste zusehen, wie sie mit dem rabenschwarzen Haar

des Prinzen spielte
she had to watch her play with the prince's raven hair
Und sie musste zusehen, wie sie Arm in Arm das Zelt betraten
and she had to watch them enter the tent, arm in arm

Nachdem sie gegangen waren, wurden alle still an Bord des Schiffes
after they had gone all became still on board the ship
Nur der Lotse, der am Steuer stand, war noch wach
only the pilot, who stood at the helm, was still awake
Die kleine Meerjungfrau lehnte sich an den Rand des Schiffes
The little mermaid leaned on the edge of the vessel
Sie blickte nach Osten, um die erste Morgenröte zu finden
she looked towards the east for the first blush of morning
Der erste Strahl der Morgenröte, die ihr Tod sein sollte
the first ray of the dawn, which was to be her death
Schon von weitem sah sie ihre Schwestern aus dem Meer steigen
from far away she saw her sisters rising out of the sea
Sie waren ebenso bleich vor Angst wie sie
They were as pale with fear as she was
aber ihr schönes Haar wehte nicht mehr im Winde
but their beautiful hair no longer waved in the wind
"Wir haben unser Haar der Hexe gegeben!" sagten sie
"We have given our hair to the witch," said they
"Damit du heute Nacht nicht sterben musst"
"so that you do not have to die tonight"
"Für unsere Haare haben wir dieses Messer besorgt"
"for our hair we have obtained this knife"
"Bevor die Sonne aufgeht, musst du dieses Messer benutzen"
"Before the sun rises you must use this knife"
"Du musst das Messer in das Herz des Prinzen stoßen"
"you must plunge the knife into the heart of the prince"

"Das warme Blut des Prinzen muss auf deine Füße fallen"
"the warm blood of the prince must fall upon your feet"
"Und dann wachsen deine Füße wieder zusammen"
"and then your feet will grow together again"
"Wo du Beine hast, hast du wieder einen Fischschwanz"
"where you have legs you will have a fish's tail again"
"Und wo du ein Mensch warst, wirst du wieder eine Meerjungfrau sein"
"and where you were human you will once more be a mermaid"
"Dann kannst du zu uns zurückkehren, unter dem Meer"
"then you can return to live with us, under the sea"
"Und dir werden deine dreihundert Jahre einer Meerjungfrau geschenkt werden"
"and you will be given your three hundred years of a mermaid"
"Und erst dann wirst du in den salzigen Meeresschaum verwandelt"
"and only then will you be changed into the salty sea foam"
"So beeilen Sie sich; Entweder er oder du musst vor Sonnenaufgang sterben."
"Haste, then; either he or you must die before sunrise"
"Unsere alte Großmutter trauert Tag und Nacht um dich"
"our old grandmother mourns for you day and night"
"Ihr weißes Haar fällt aus"
"her white hair is falling out"
"So wie unsere Haare unter die Schere der Hexe fielen"
"just as our hair fell under the witch's scissors"
"Tötet den Prinzen und kommt zurück", flehten sie sie an
"Kill the prince, and come back," they begged her
"Siehst du nicht die ersten roten Streifen am Himmel?"
"Do you not see the first red streaks in the sky?"
"In wenigen Minuten wird die Sonne aufgehen, und du wirst sterben"
"In a few minutes the sun will rise, and you will die"
Nachdem sie ihr Bestes gegeben hatten, seufzten ihre

Schwestern tief
having done their best, her sisters sighed deeply
Trauernd versanken ihre Schwestern in den Wellen
mournfully her sisters sank back beneath the waves
Und die kleine Meerjungfrau blieb mit dem Messer in der Hand zurück
and the little mermaid was left with the knife in her hands

Sie zog den purpurroten Vorhang des Zeltes zurück
she drew back the crimson curtain of the tent
Und im Zelt sah sie die schöne Braut
and in the tent she saw the beautiful bride
ihr Gesicht ruhte auf der Brust des Prinzen
her face was resting on the prince's breast
Und dann schaute die kleine Meerjungfrau in den Himmel
and then the little mermaid looked at the sky
Am Horizont wurde die rosige Morgendämmerung heller und heller
on the horizon the rosy dawn grew brighter and brighter
Sie warf einen Blick auf das scharfe Messer in ihren Händen
She glanced at the sharp knife in her hands
Und wieder heftete sie ihre Augen auf den Prinzen
and again she fixed her eyes on the prince
Sie beugte sich nieder und küßte seine edle Stirn
She bent down and kissed his noble brow
Er flüsterte den Namen seiner Braut in seinen Träumen
he whispered the name of his bride in his dreams
Er träumte von der Prinzessin, die er geheiratet hatte
he was dreaming of the princess he had married
das Messer zitterte in der Hand der kleinen Meerjungfrau
the knife trembled in the hand of the little mermaid
aber sie schleuderte das Messer weit in die Wellen
but she flung the knife far into the waves

Dort, wo das Messer fiel, färbte sich das Wasser rot
where the knife fell the water turned red
Die Tropfen, die nach oben spritzten, sahen aus wie Blut
the drops that spurted up looked like blood
Sie warf einen letzten Blick auf den Prinzen, den sie liebte
She cast one last look upon the prince she loved
Die Sonne durchbohrte den Himmel mit ihren goldenen Pfeilen
the sun pierced the sky with its golden arrows
Und sie stürzte sich vom Schiff ins Meer
and she threw herself from the ship into the sea
Die kleine Meerjungfrau fühlte, wie sich ihr Körper in Schaum auflöste
the little mermaid felt her body dissolving into foam
Und alles, was an die Oberfläche aufstieg, waren Luftblasen
and all that rose to the surface were bubbles of air
Die warmen Sonnenstrahlen fielen auf den kalten Schaum
the sun's warm rays fell upon the cold foam
aber sie fühlte sich nicht, als würde sie sterben
but she did not feel as if she were dying
Auf seltsame Weise spürte sie die Wärme der hellen Sonne
in a strange way she felt the warmth of the bright sun
Sie sah Hunderte von schönen, durchsichtigen Kreaturen
she saw hundreds of beautiful transparent creatures
Die Kreaturen schwebten um sie herum
the creatures were floating all around her
Durch sie hindurch konnte sie die weißen Segel der Schiffe sehen
through them she could see the white sails of the ships
Und durch sie hindurch sah sie die roten Wolken am Himmel
and through them she saw the red clouds in the sky
Ihre Sprache war melodiös und kindlich
Their speech was melodious and childlike
aber es konnte von sterblichen Ohren nicht gehört werden
but it could not be heard by mortal ears

noch konnten ihre Körper von sterblichen Augen gesehen werden
nor could their bodies be seen by mortal eyes
Die kleine Seejungfer merkte, dass sie ihnen ähnlich war
The little mermaid perceived that she was like them
Und sie fühlte, daß sie höher und höher stieg
and she felt that she was rising higher and higher
"Wo bin ich?" fragte sie, und ihre Stimme klang ätherisch
"Where am I?" asked she, and her voice sounded ethereal
Es gibt keine irdische Musik, die sie imitieren könnte
there is no earthly music that could imitate her
"Unter den Töchtern des Himmels," antwortete eine von ihnen
"Among the daughters of the air," answered one of them
"Eine Meerjungfrau hat keine unsterbliche Seele"
"A mermaid has not an immortal soul"
"Auch Meerjungfrauen können keine unsterblichen Seelen erlangen"
"nor can mermaids obtain immortal souls"
"Es sei denn, sie gewinnt die Liebe eines Menschen"
"unless she wins the love of a human being"
"Am Willen eines anderen hängt ihr ewiges Schicksal ab"
"on the will of another hangs her eternal destiny"
"Wie du haben auch wir keine unsterblichen Seelen"
"like you, we do not have immortal souls either"
"Aber wir können durch unsere Taten eine unsterbliche Seele erlangen"
"but we can obtain an immortal soul by our deeds"
"Wir fliegen in warme Länder und kühlen die schwüle Luft"
"We fly to warm countries and cool the sultry air"
"Die Hitze, die die Menschheit mit der Pest vernichtet"
"the heat that destroys mankind with pestilence"
"Wir tragen den Duft der Blumen"
"We carry the perfume of the flowers"
"Und wir verbreiten Gesundheit und Wiederherstellung"
"and we spread health and restoration"

"Seit dreihundert Jahren reisen wir so um die Welt"
"for three hundred years we travel the world like this"
"In dieser Zeit bemühen wir uns, alles Gute zu tun, was in unserer Macht steht"
"in that time we strive to do all the good in our power"
"Wenn uns das gelingt, erhalten wir eine unsterbliche Seele"
"when we succeed we receive an immortal soul"
"Und dann haben auch wir Anteil am Glück der Menschheit"
"and then we too take part in the happiness of mankind"
"Du, arme kleine Meerjungfrau, hast dein Bestes gegeben"
"You, poor little mermaid, have done your best"
"Du hast mit deinem ganzen Herzen versucht, das zu tun, was wir tun"
"you have tried with your whole heart to do as we are doing"
"Du hast einen ungeheuren Schmerz erlitten und ertragen"
"You have suffered and endured an enormous pain"
"Durch deine guten Taten hast du dich in die Geistige Welt erhoben"
"by your good deeds you raised yourself to the spirit world"
"Und nun wirst du dreihundert Jahre an unserer Seite leben"
"and now you will live alongside us for three hundred years"
"Wenn du so strebst wie wir, kannst du eine unsterbliche Seele erlangen"
"by striving like us, you may obtain an immortal soul"
Die kleine Meerjungfrau hob ihre verklärten Augen zur Sonne
The little mermaid lifted her glorified eyes toward the sun
Zum ersten Mal spürte sie, wie sich ihre Augen mit Tränen füllten
for the first time, she felt her eyes filling with tears

Auf dem Schiff, das sie verlassen hatte, herrschte Leben und Lärm
On the ship she had left there was life and noise
Sie sah, wie der Prinz und seine schöne Braut sie suchten

she saw the prince and his beautiful bride searched for her
Traurig starrten sie auf den perlmuttfarbenen Schaum
Sorrowfully, they gazed at the pearly foam
Es war, als wüssten sie, dass sie sich in die Wellen gestürzt hatte
it was as if they knew she had thrown herself into the waves
Ungesehen küsste sie die Stirn der Braut
Unseen, she kissed the forehead of the bride
Und dann erhob sie sich mit den anderen Kindern des Himmels
and then she rose with the other children of the air
Gemeinsam gingen sie zu einer rosigen Wolke, die über ihnen schwebte
together they went to a rosy cloud that floated above

"Nach dreihundert Jahren", begann einer von ihnen zu erklären
"After three hundred years," one of them started explaining
"Dann werden wir in das Himmelreich schweben!" sagte sie
"then we shall float into the kingdom of heaven," said she
"Und vielleicht sind wir sogar früher da", flüsterte ein Gefährte
"And we may even get there sooner," whispered a companion
"Ungesehen können wir die Häuser betreten, in denen Kinder sind"
"Unseen we can enter the houses where there are children"
"In einigen Häusern finden wir gute Kinder"
"in some of the houses we find good children"
"Diese Kinder sind die Freude ihrer Eltern"
"these children are the joy of their parents"
"Und diese Kinder verdienen die Liebe ihrer Eltern"
"and these children deserve the love of their parents"
"Solche Kinder verkürzen unsere Bewährungszeit"
"such children shorten the time of our probation"
"Das Kind weiß nicht, wann wir durch den Raum fliegen"
"The child does not know when we fly through the room"

"Und sie wissen nicht, dass wir vor Freude über ihr gutes Benehmen lächeln"
"and they don't know that we smile with joy at their good conduct"
"Denn dann kommt unser Urteil einen Tag früher"
"because then our judgement comes one day sooner"
"Aber wir sehen auch ungezogene und böse Kinder"
"But we see naughty and wicked children too"
"Wenn wir solche Kinder sehen, vergießen wir Tränen der Trauer"
"when we see such children we shed tears of sorrow"
"Und für jede Träne, die wir vergießen, wird ein Tag zu unserer Zeit hinzugefügt"
"and for every tear we shed a day is added to our time"

Ende
The End

www.tranzlaty.com

www.ingramcontent.com/pod-product-compliance
Lightning Source LLC
Chambersburg PA
CBHW011953090526
44591CB00020B/2751